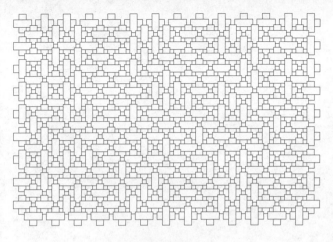

紀州のドン・ファン

野崎幸助

講談社+α文庫
プラスアルファ

はじめに

「75歳になった私が、こうして安泰な暮らしを送れているのも先輩の教えがあったからこそです。脛《すね》に傷どころか全身に傷を持つ私が、先輩の待つ天国に行けるかどうかは神様のみぞ知るところでしょうが、天国で再会できることを祈っています。お蔭様で波乱万丈の人生を、どうにかこうにか生き抜いてきたという自負はあります。どうか安らかにお眠りください」

山口家之墓と刻まれた黒御影石《くろみかげいし》を前にして、私は両手を合わせ、深々と頭《こうべ》を垂れました。そして墓石の上から先輩が好きだった清酒をかけました。ゆっくりと流れていく滴《しずく》が先輩の流すうれし涙に見えるのは私の勝手な想像なのかもしれません。しかし、です。先輩がいなければ、他人さまから「大金持ち」と呼ばれるような今の自分は決して存在しなかったことでしょう。

ただ、そんな私でも、まさかこの歳になって自分がテレビや週刊誌に取り上げられ、世間の耳目を集めるようになるとは思いもよりませんでした。

その「事件」は2016年2月に起きました。50歳年下の愛人に6000万円相当の金品を盗まれてしまったのです。テレビのワイドショーにトップで取り上げられ、私は「週刊文春」や「フライデー」「週刊現代」といった週刊誌の取材を受けることになりました。

たとえば、こんな具合です。

〈和歌山6千万円窃盗事件 74歳〝大富豪〟が赤面証言「容疑者とは3回して、翌日盗まれた」（「週刊文春」2016年3月10日号）〉

〈私はこうして「美女4000人」に30億円をつぎ込んだ（「週刊現代」2016年5月7・14日号）〉

「週刊文春」の記事では、私の名前は匿名になっていましたが、「週刊現代」の取材では、記者さんから「恥じることがないのなら、実名を出しませんか」と言われました。確かに世間の人にどう思われようが、私は自分の生き方について恥じる気持ちはありませんので、実名を出すことを了承したのです。

これらの記事に不満はないのですが、ネット上ではあることないこと、と言いましょうか、ないことをまるであることのように書かれてしまいました。そのうえで「とんでもない助平ジジイ」扱いされたわけです。

助平なジジイであることは否定しません。ただ、なぜそうなったのか？　については勝手な憶測が一人歩きしてしまいました。

人生山あり谷ありと申しますが、私は日本海溝のようなドン底から這いあがり、なんとか生き延びてきたのです。銀のスプーンを咥《くわ》えて裕福な家庭に生まれてきたわけでなく、終戦直後の貧しい時代を耐え忍んできました。その後、幸運にも高度経済成長の波に乗ることができ、お金を稼ぐコツみたいなものも自分なりに見つけました。

簡単に金持ちになったわけではありませんし、自分が金持ちだという意識は今でも希薄です。世の中には信じられないような大金持ちがウヨウヨいることも知っていますから、私ごときが金持ちと呼ばれるのはなんとも面はゆい気すらします。

それでも、ネットなどで勝手なことを書かれるくらいなら、ここで一度、自分の人生を振り返り、本当の自分を知っていただくのもいいかもしれない。そう考え、恥多き人生を綴《つづ》ったのがこの本です。

現在、私は生まれ育った和歌山県田辺市で小さな会社を経営し、酒類販売業をメインとして和歌山県南西部の名産である梅干しの販売、そして不動産業や金融業（金貸しは一昨年でやめましたが）で生計を立てています。

長年仕事を東京で行っていましたので、今でも毎週のように東京へ出張しており、暇とは無縁の生活です。一流会社員や公務員の中には、60歳を過ぎて定年になったら悠々自適の生活に憧れる方も多いようですが、私には定年はありません。毎朝3時ごろには起きだしては仕事をこなしています。

定年後の華麗なるシルバーライフを羨《うらや》ましいと思ったことはありませんし、自分の仕事が辛いと思ったこともありません。それは、私には仕事をし、お金を稼ぐはっきりとした目的があるからです。

私がお金を稼ぐ理由は、なんと言っても魅力的な女性とお付き合いをしたい、その一点に尽きます。

いい車に乗りたい、いい家に住みたい、いいモノを食べたい……。人にはいろんな欲望がありますが、私の場合、車や家にはほとんど関心がない代わり、美しい女性とセックスをしたいという欲望は、今も尽きることがありません。

仕事も女性とのお付き合いも、「死ぬまで現役」と心に誓っております。

過去、私がお付き合いした女性は4000人を下らず、それに使ったお金は30億円くらいになるでしょう。どうやってそのお金を稼いだのか、どうやってそんなに多くの女性と出会ったのか、そして、なぜ今も元気にエッチができるのか。それをこれから語っていきたいと思います。
誰もが真似したいと思うような生き方ではないかもしれませんが、一つの目標に向かって努力を続ければ夢はきっと叶うはずです。こんな私の人生が、この本を手にとってくださった皆さんにとって、少しでも参考になればこれほど嬉しいことはありません。

野崎幸助

２０１６年11月

紀州のドン・ファン
——美女4000人に30億円を貢いだ男

◉目次

第3章　転機――「どうも、コンドーム屋でございます」

第4章　高度経済成長の波に乗れ

第5章　よく稼ぎ、よく遊ぶ

第6章　心を読めば、ナンパも仕事も上手くいく

本作品は書きおろしです。
登場人物の一部は仮名になっています。

第1章　50歳下の愛人は大金とともに去りぬ

自分の年齢を意識しない

エッチをすることが生きがいで、エッチさえしていれば元気になれて健康にもなれる。私は心底そう思って生きてきました。

「もう勃《た》たないんですよ」

50歳前後の「若い男性」がしれっと言っているのを聞くと呆れてしまいます。30代、40代でもそんなことを言う方々が増えているようですし、草食男子とかいう昔では考えられない言葉も耳にします。しかしですね、50歳なんてまだまだ社会で活躍しなければならない年齢です。国をバリバリと引っ張ってもらわなければならない世代が、そんな弱気でどうするんですか。去勢されたようなことを言ってもらっては日本の将来が暗くなります。

私は75歳で現役です。昨今はプロ野球やサッカー選手の高齢化が話題になっています。イチロー選手は40歳を超えても現役を続け、さらに50歳までプレーを続けるとも仰《おっしゃ》っているようです。プレーの内容は異なりますが、私もそのように思ってまだまだ現役を続ける所存です。

性欲も同じことです。50歳を超えたからと自分勝手に判断して自制してしまうのは一番いけないことです。自分はまだまだ大丈夫なんだと自信を持ち、精神と肉体を維持すれば75歳でもちゃんと現役バリバリになれます。自分では75歳という年齢に対する意識はまったくありません。

「もう70歳なんだから」

「後期高齢者になってしまったから」

とか、自分で自分のことを年齢で縛《しば》るのはやめたほうがいいのです。歳の取り方は人それぞれで、年齢を感じさせない方はたくさんいます。

皆さんは私と同年齢である75歳の有名人を何人知っているでしょうか？

国民栄誉賞の王貞治氏をはじめ、御意見番として「喝！」でお馴染みの張本勲氏、元投手でタレントの板東英二氏、カメラマンの篠山紀信氏、荒木経惟《のぶよし》氏、そして女優の浅丘ルリ子さんに、麻生太郎元総理など綺羅星《きらほし》の如き人材がいます。皆さん現役で元気に活躍していらっしゃる世代であり、私もその端《はし》くれとして老け込んでなどいられません。

ところが、世の中というのはそうは受け取らないようです。

「社長が特別なんですよ。なんでそんなにパワーがあるんですか？」

そのように訊《き》かれることが多くなりました。たとえばエッチにしても、日に3回なんて、私にとっては普通のことなんですが……。

14歳で筆下《ふでお》ろしをしてから約60年経ちました。その間、若いころはもちろん、現在でも、美しい女性とエッチすることをずっと考え続けてきました。こんなことを堂々と書けば、「変態なんだろ」と感じる方もいるでしょう。しかし、私は自分が変態だとは露《つゆ》ほども思っていません。私の年収は軽く億を超えていますけれど、「はじめに」にも書いたとおり、お金を稼ぐのは女性とエッチするためだと割り切っているのです。それにエッチは健康維持のためにも非常に効果があります。

「社長、お肌がきれいですね」

お世辞かもしれませんが、よく言われることです。私の顔にシミがなくて肌がすべすべしているのは毎日エッチのことを考えていることも関係していると信じています。これについては、のちほどゆっくりと説明させていただきましょう。

見栄を張るのはくだらない

さて、人間には食欲や睡眠欲、名誉欲、金銭欲などの欲望があると言われています。私には名誉欲はないし、見栄を張るということもありません（そんなものがあるなら、このような本は書きません）。

一般的に金持ちになった方は慈善事業に手を出したり、市長や県会議員や国会議員のような政治家になったりして、他人から認めてもらって、敬《うやま》われたいと思うようです。ふと人生を振り返ったとき、自分は他人さまから褒《ほ》められるようなことをしてきたのか？　という気持ちになるのでしょう。そこで手っ取り早いのが議員の肩書です。何年か議員を務めると国からの叙勲《じょくん》があります。私には到底理解ができませんが、年寄りになると特に勲章が欲しくなる。子供が駄々《だだ》をこねて玩具を欲しがるように、爺さん婆さんが勲章話に夢中になるのは滑稽《こっけい》です。

北朝鮮やロシアの軍人たちが、胸に勲章をこれでもかとぶら下げているのをニュースで目にしますが、あれを情けないと感じるのは私だけではないはずです。勲章に魅力を感じるのは勝手ですが、文化勲章を別にすれば、賞勲の制度というのは国が考えた年寄りの名誉欲を満足させるためのものとしか思えません。

「75歳でも現役でエッチをしている、シルバー世代の星勲章」という名目であれば喜んでいただきますが、そんなことは絶対にないと思いますので、股間にぶら下げている己の勲章を大事にしています。

長い間生きてきて、見栄を張ろうなんて気持ちもなくなりました。

「ここが例のワイドショーで取り上げられたお金持ち社長の自宅よ」

「へえ、そんな大層《たいそう》な家じゃないのね」

ワイドショーで私のことが放送された後、わが家の前には物見遊山《ものみゆさん》の方々が現れるようになりました。テレビでは名前も住所も伏せていましたが、狭い田辺市内のことですから、すぐに住所がバレてしまったわけです。

外で喋《しゃべ》る声が家の中まで聞こえてくるような民家で、庶民的な住宅地にある2階建て。これがわが家で、私はここで一人暮らしをしています。かつてワイドショーで宮尾すすむさんが社長の自宅を紹介する人気コーナーがありましたが、私の家は絶対に紹介されないという自信があるほど、なんの変哲もない一軒家です。

お金はエッチのために率先して使うと決めていますので、食事もいたって質素。昔はお誘いもあって、高級レストランや高級割烹にさんざん足を運びましたが、毎日のようにフランス料理のコースとかサシの入った高級肉のステーキ、しゃぶしゃぶ、高級寿司を食べていたら体によくありません。お酒もビール少々しか飲みません。

腹八分目で質素な食事が健康には一番。ですから、お付き合いを別にすれば高級レストランや料亭で食事をしたいと思うことさえありません。

最近の行きつけの店といえば、せいぜいファミレスの「ガスト」です。店まで自分で車を運転し、そこでお気に入りのハンバーグ定食を食べるぐらい。あとは自宅の電子レンジで冷凍食品をチンして食べているような塩梅《あんばい》です。

「社長はグルメじゃないから」

会社の従業員から揶揄《やゆ》されます。

「そうかなぁ〜」

目くじら立てることでもないので相手にもしません。吉野家の朝定食を食べるのも定番です。あんな値段でお腹を満足させてくれるのですから、いつも感心しています。冷凍庫には行きつけの大阪の老舗《しにせ》ホテル「リーガロイヤル」の冷凍食品が入っています。これは毎週のように東京出張した帰りに、わざわざ立ち寄って私が購入してきたものです。

ホテルの冷凍食品も美味しいですが、最近では肉じゃがのような家庭料理も、かなり美味しい冷凍食品が出てきており、スーパーで簡単に手に入りますから、こちらも重宝しております。

子供もいないバツ2の独身ですけれど、独身生活を謳歌《おうか》していると自分では思っているのです。

そうそう、東京への出張は今でも一人で飛行機に乗っていきます。秘書を付けるような面倒臭いことはしません。いや、本当のことを言えば、秘書みたいなお目付け役にお相手の女性の評価をされるのが嫌なのです。

私は常に複数の女性と付き合いがありますが、従業員に紹介することはありません。たとえ彼らが私のお相手のことを褒めてくれても、おべっかだとしたら悲しいですから。

常識より、気持ちに従う

性欲が際立《きわだ》って高いのが私の特徴なのでしょう。そして、それを公言したら恥ずかしいという気持ちもとっくの昔に捨て去りました。

「70歳ですが、どこも悪くありません。医者いらずです」

「毎朝散歩して、体重に気を遣っています」

健康食品の宣伝には健康そうな老人たちがにこやかに笑っている写真が載っています。これはこれで微笑《ほほえ》ましいものでして、このように健康自慢というのは大きな声で言いふらすことができます。

ところが、です。

「75歳、毎日エッチをして楽しんでいます。極楽、極楽、ワッハッハ！」

なんていう性欲自慢は表立って公言できない風潮があるのは残念なことでありま

す。しかし、考えてもみてください。高齢化社会になった現在、性欲が溢《あふ》れている老人たちは数多くいるはずで、それを明るく公言できないだけなのです。

週刊誌にはシルバー世代がソープランドに通ったり、デリバリーヘルスを利用しているという記事が掲載されています。この事実を初めて知り、まるで驚いたような体裁の記事ですが、それらを書く若い記者はシルバー世代のことを理解していないのじゃないかと思いました。

シルバー世代にだって性欲が溢れている方はおられるし、逆に壮年世代で枯れてしまったと自分で決めつけている方々もおられます。

でも、誰もが往年のパワーを取り戻すことは可能です。

私はその先駆者になってタブーを打ち破ってやりたいと考えています。私の性欲が異常に強いといっても、罪を犯しているわけではありませんし、他人の迷惑になっているわけでもありません。できれば「和歌山のドン・ファン」とおしゃれに呼んでほしいですけれど、「助平ジジイ」と呼ばれようとも気にしません。

江戸時代後期の日本社会は性に関して開放的だったと、欧米から来日した旅行者たちが記していまして、特に銭湯が混浴なことに驚いたようです。それが明治という時代になり、性をタブー視する風潮が作られます。すると、混浴は野蛮だという理由で禁止となり、それが現在まで続いてきました。江戸時代であれば混浴が当たり前で「常識」だったのが、現代では「非常識」と批判されます。このように「常識」というのは時代によってコロコロと変わるものです。

「エッチしていますか？」

「ええ、昨晩もバンバン頑張りましたよ」

もしかすると、何十年後かにこんな挨拶が日常的になるかもしれません。常識に縛られていたらストレスが溜まって体に悪いじゃないですか。

自分の気持ちに忠実に生きてきた結果が今の自分なのです。

突然、有名人に

「野崎社長さんのご自宅でしょうか？」

2016年2月23日の昼過ぎ、和歌山県田辺市の私の自宅に突然、テレビ局のワイドショーのスタッフたちが押し寄せてきました。これが大騒動の発端でした。

この日、和歌山県警田辺警察署は、私が窃盗被害を届け出ていた事件の容疑者を逮捕したことを記者発表しました。そのことを迂闊《うかつ》にも私は知らなかったのです。

「27歳の自称モデル原田由香容疑者（仮名）を、和歌山県田辺市に住む74歳の男性宅から、現金600万円と宝石・腕時計など29点の貴金属5400万円相当を盗んだ疑いで逮捕した」

この74歳の男性というのが私のことです。簡単に言えば、

「74歳の爺さんが、囲っていた自称モデルの27歳の愛人に6000万円相当を盗まれた。バカな爺さんだな、どんだけエロジジイなんだ」

そんな先入観から記者たちは興味を持ったのでしょう。間抜けなエロジジイの顔を拝んでやろうじゃないか、ということでテレビ局のワイドショー担当者たちは、さっそく私の自宅に押し寄せてきたのです。本当は少々事件内容が異なっているのですが、マスコミが押し寄せてきたときは、そういう彼らの本来の取材意図が摑めず、私は被害者として同情される立場なのだと勘違いしていました。

この事件のことを振り返ってみましょう。

事件は逮捕から1年と少し前の2015年1月に起きました。私と〝交際〟していた27歳の自称モデルの原田容疑者が、自宅に置いてあった600万円ほどの現金を盗み、貴金属を入れてカギをかけておいた大きな宝石箱を壊して、高価な腕時計や指輪など5400万円相当を持って姿を消したのです。

福岡県出身の彼女はノルウェー人とのハーフで、高校卒業後に上京し、新宿区内の

古い賃貸マンションで暮らしていたそうです。モデル事務所に所属していたこともあったようで、エキゾチックな顔とFカップほどのダイナマイトボディを持つ素敵な女性でした。

私と知り合ったころは、自称モデルとして写真撮影会などで糊口《ここう》を凌《しの》いでいたと聞きました。

そんな彼女と知り合ったきっかけは、私が入会している交際クラブからの紹介でした。

「交際クラブ」とは何か

私は街中でガールハント（今流ではナンパと言いますが）をすることもあれば、銀座や大阪の新地など、夜の高級クラブでホステスさんとお付き合いをすることもあります。その方法については後で詳しく述べますが、この7～8年は高級クラブには滅多に足を運ばなくなり、その代わりに都内の交際クラブに登録して女性を紹介してもらっていました。

交際クラブによっても異なりますが、入会金が3万～5万円という庶民レベルから、50万円とか100万円という高級なところもあります。

私は複数の交際クラブと契約しており、安いところは安いなりのレベルの女性が登録し、高級なところにはやはりレベルの高い女性が登録しているようです。

「社長、いい娘《こ》がいますけど会ってみませんか」

贔屓《ひいき》にしている交際クラブは、私の好みの女性のタイプを知っておりますので、気に入りそうな娘がいれば電話で連絡が来て写真も送ってくれます。そのクラブに登録している女性の多くは、20代前半から30手前ぐらいの売れないタレントの卵とかモデルさんが多く、街を歩けば振り向くような美人も少なくありません。

紹介料は男性が1回につき5万円で、女性は入会金も含め無料。単なる小遣い銭稼ぎから、未来の旦那さんを見つけたいという方まで、女性の登録理由は様々です。交際クラブからの紹介があり、こちらが会いたいと希望すれば、お相手の女性と実際に会うことになります。

お相手と会って食事などをし、お互いに気に入ればエッチをするのは自由。紹介した交際クラブは、その後の二人の関係についてはノータッチというシステムです。

先ほども申し上げたように、私はバツ2の独身ですので、気に入った女性がいれば結婚してもいいという気持ちで、交際クラブが紹介してくれる女の子たちとお付き合いをしていたのです。

誤解のないように言っておきますが、私の好みは20代半ばぐらいの若くて大柄、グラマラスな女性で、小便臭いような若い娘にはまったく興味がありません。ですから、交際クラブに登録する段階で女性が年齢を偽ったとしても、児童買春というような法律に引っかかる心配はなし。あくまで二人の自由意思によって、エッチするかどうかが決まります。

銀座や大阪・新地のクラブのホステスさんを口説くためには、客は財布が痛むのを知りながらも本能の命じるままに何度も通わなければなりません。

私もかつてはその一人でした。しかし、高級クラブにホステスを口説きに行っても空振りが間々《まま》あるどころか、酷《ひど》いときには何度も空振り三振が続いてしまいます。お店によっては「特攻隊」と呼ばれている、客と寝るためのホステスも用意されています。しかし、特攻隊員には食指が動かないような方が多いのも事実。だから、どうしても好みのホステスさんを口説こうと熱を入れていました。ただ、毎晩のように店に通ったとしても口説ける保証はまったくなく、金をドブに捨てるようなこともしばしばでした。

それと比較して交際クラブは大人の割り切りができるので、私にとっては非常に楽なシステムです。

飲みたくもない酒を飲んで同伴出勤をしたり、アフターに付き合ってお気に入りのホステスさんを口説いたりするのは、今では馬鹿馬鹿しいと思っています。要はエッチをしたいという自分の欲望を満たしてくれればいい。そのうえで体も心も相性が合えば結婚することもやぶさかではありません。

私としては、交渉は手っ取り早いほうがいいわけです。

フェアな関係

性欲を満たしたいだけなら、ソープランドやデリヘルを利用すればいいではないかと突っ込まれそうです。

お好きな方がいらっしゃることは知っておりますが、私はいわゆるソープランドというものはあまり好きではありません。あれは店で客が好みの女性を指名するだけで、ソープ嬢が客を選べるシステムにはなっていないので不公平だと思うのです。

おかしな論理かもしれませんが、ソープ嬢は不特定多数の男性とエッチをしなければなりません。その点、交際クラブの女性は相手が好みでないと思ったら交際を断る自由があります。そのぶん、フェアな関係だと考えています。

知り合いにこういう説明をすると、「その論理は破綻《はたん》している」と嗤《わら》われますけど、これは私の信念ですので変えようがありません。

東京に初めて出てきたとき、話のタネとして浅草の吉原に通ったこともありました。やはり江戸時代から続く日本一の歓楽地ですから、後学のために訪れたのですが、ずらりと軒を並べるソープランドに圧倒されました。

「社長、どうですか。今なら、いい娘がおりますよ」

誠実そうな黒服のお兄さんに誘われて暖簾《のれん》をくぐり、二輪車、三輪車といった複数プレイを楽しんだことを白状しておきます。それでもやはり、首尾一貫していないのも私の悪いクセです。それでもやはり、お互いが相手を自分の意思で選び、そのうえで口説くほうが楽しいんです。

同じような理由でデリバリー嬢にも食指は動きません。デリバリーヘルスが流行《はや》りだしたころ、私も好奇心でホテルから電話を掛けて申し込んでみたことがあります。

「グラマラスで若い娘はいませんか？」

「お客さん丁度よかったですね、20代前半のピチピチした娘が空いていますよ」

「本当ですか？」

テンションが上がったのは言うまでもありません。

「ウチの店のナンバーワンですから絶対です。お気に召さなかったらチェンジをすることも可能ですけど、お客さんの好みにピッタリです」

巧みなセールストークに乗せられ、電話を切って女性を待つ間も期待感でいっぱいです。

30分ぐらいしてドアの呼び鈴が鳴り、ドアスコープを覗《のぞ》きますと、茶髪でまつ毛が1センチ以上もあり、まばたきすると風が吹いてきそうな化粧の濃い若い女性が立っていました。

不思議なもので現実を目の当たりにすると、さっきまでの妄想が一瞬にして消えてしまい股間も縮んでしまうものです。これがお店のナンバーワンだとしたら、チェンジしたとしても次に来る女性は推して知るべし。仏《ほとけ》の社長を勝手に自負している私はドアを開けることにしました。入ってきた彼女の姿を見て、またビックリ。グラマラスを遥《はる》かに超えたビア樽のような体型の方でした。

「あなた、マッサージが上手そうですね。ちょっとやってもらえませんか？」

女子プロレスラーのような彼女と60分勝負をする気力も失せたので、巨大なお尻を背中に乗せてもらって肩を揉んでいただいただけで、その後はデリヘルを利用したいという気持ちにすらなりませんでした。

世の中に美味しい話など、そう転がっていないのは十分に知っているはずなのに、男という生き物は色欲に染まると、自分の都合のいいように妄想を膨らませてしまうしょうがない動物です。これは男性読者なら皆、同意してくれることでしょう。

キャバクラやサロンの店頭に、微笑《ほほえ》んでいる美人ホステスさんの顔写真を並べているお店が多数あります。それに釣られて入店すると、

「お客様、彼女は今日お休みでして、こちらの娘はいかがですか？」

と黒服に言われるのが関の山なのです。

「じゃあ、帰るから」

頑《かたく》なに自分の意思を通そうとする方というのは少ないものでして、結局はお店にコントロールされて気が付いたときには意思に反した女性とつまらない時間を過ごしてしまうという例はたくさん聞いております。最初から店に所属していない女性の写真を飾って、客引きに使っているお店もあり、多数の殿方がこのトリックの餌食《えじき》になって悔し涙を流していると、ご同情申し上げます。

繰り返しになりますが、その点、交際クラブには外れというものがありません。事前に写真を見せてもらうことができるので、好みの女性と会うことができます。食事をしたり一緒に飲んだりしてみて、この女性とならエッチができると選べるほうが私は楽しいし、女性側にとっても自由があると思います。

すみません、交際クラブについての説明がついつい長くなってしまいました。

買春か、交際か

話を事件に戻しましょう。

原田容疑者は性に対して自由奔放で、ベッドに上がるなり自ら衣服を脱ぎ捨て全裸になって私に挑んでくるような女性でした。男性に甘えることが大好きな娘という印象を持っていました。

「バッグを買ってよ」

「高級時計が欲しいの」

私は、多少わがままで、甘えてくれる女性が好きです。

「はいはい。じゃあ買おうか」

プレゼントを手にした彼女が喜ぶ顔を見るのが楽しいのです。彼女はそんな私の琴線に触れてくる性格でありました。

自宅近くには南紀白浜空港がありますので、東京からの交通の便は悪くありませんん。ですから、私が彼女の交通費を出して、自宅近くの観光地である白浜の高級リゾートホテルや近くの温泉地に、6度ほど来てもらい会っておりました。一度会うと、一日に2〜3回はエッチしていたと思います。そして、会うたびに30万〜40万円をお礼として渡していました。

私のエッチはノーマルで、SMの気もありませんし、仮装プレイや大人の玩具を使うこともありません。しかも、お相手には申し訳ありませんが、自分がテクニシャンだとも思っておりません。わがままかもしれませんが、自分の性欲を満たしてくれればそれで満足なのです。

そりゃあ、私のテクニックで相手の女性が失神するほど感じてくれたら嬉しいですけれど、演技をされるのは興ざめですし、それほど自分の力量を過信しているわけでもありません。ですから、お金を渡すのには、そんな自分の相手をしてくれてありがとう、という感謝の意味もあるのです。

事件が起きた日のことを振り返ってみましょう。

前の晩に彼女と白浜のホテルで過ごした私は、この日の夕方に彼女と一緒に知人のパーティに出席する予定になっておりました。昼に所用があったため、ホテルから車で30分ほど離れた田辺の自宅へ彼女を連れて帰り、彼女に自宅で夕方まで時間を潰してくれるように頼んで、私は家を離れたのです。

前にも述べたように、独身の私は一人で2階建ての小さな一戸建てに住んでいます。掃除や洗濯をしてくれるお手伝いさんはいますが、常駐しているわけではないので一人暮らしと言っていいでしょう。

普段、交際クラブで紹介してもらった女性とはホテルで会うことにしており、自宅に呼ぶことはしないのですが、彼女とは東京でのデートを合わせると、すでに10回以上会っていました。気心が知れているつもりだったので、自宅でテレビでも見てもらって時間を潰してもらうことにしたのです。

2時間ほど出かけ、帰ってくると彼女の姿がありません。呼んでも何の返事もないのです。それどころか居間のクローゼットの棚にあった現金がなくなって、貴金属を入れていた高さ20センチ幅30センチほどの大きめの宝石箱も壊されて、中身がほとんどなくなっていました。そこには軽く100万円を超える高級時計や、ダイヤがちりばめられた指輪などの宝飾品が詰まっていたのです。

部屋の壁に掛けられていたルノワールやシャガール、藤田嗣治《つぐはる》の絵はそのままでした。これは大阪の有名画廊から高価な値段で購入したもので、数千万円の価値がある本物と思っておりますが、真偽のほどはわかりません。

それはさておき、私がいないときに強盗でも入って彼女が連れ去られたのではないかと、嫌な予感が頭をよぎりました。しかし、私の家には盗難防止のために防犯カメラが何台もついていますし、警備会社のセコムとも契約していますが、外部からの不審者侵入の形跡はありませんでした。

慌てて彼女の携帯に電話をしましたが、つながりません。社員たちにも頼んで彼女を探し回った結果、南紀白浜空港から出発した午後の東京行きの飛行機に搭乗したことがわかったのです。

「お客様、大丈夫ですか？　手から血が流れていますけど……」

空港に一人で現れた彼女の右手からは血が流れ、床に点々と染みが付くほどだったと空港係員から聞きました。

「大丈夫ですから」

彼女は出血を気にせずに、そう答えて搭乗したといいます。

たぶん、宝石箱を壊したときにケガをしたと思うのですが、それでも慌てて東京行きの飛行機に乗ったということで、彼女が盗んだ犯人であることを確信しました。

のちに和歌山県警に逮捕された彼女は、取り調べに対して最初、

「お金はもらったものだし、貴金属も持っていっていいと言われた」

と答えていたようですけれど、宝石箱を壊して負傷し、結局は逃げて私との連絡も

断ったのですからそんな弁解は通りません。

あんなに大切にしていたのにどうして裏切ったのだろうと憤《いきどお》ってしまいました。今まで交際した女性は、私の目から見て信用できると思った方ばかりでしたし、これまで相手の女性が盗みを働くようなトラブルは一切ありません。女性を見る私の目が曇っていたのか、という落胆した気持ちにもなりました。盗難自体よりも裏切り行為が許せないという気持ちでした。

それで所轄の田辺署に被害届を出したのですが、担当した警察官はなかなか被害届を受理してくれません。

50歳近くもの年の差があるカップルというのが、警察側からするとそもそも想定外らしく、根掘り葉掘り事情を聞かれたのです。

「社長、孫ほどの歳の差があるんやで」

呆れたような捜査員の顔が忘れられません。しかし、孫ほどの年齢差の女性とお付き合いしてはいけないという法律は存在しないのです。あの俳優の上原謙さんだって、三船敏郎さんだって随分と歳の差のある方と結ばれていたではないですか。私としては違和感はないのですが、捜査員に理解してもらうのは難しいようでした。

「これって買春やろ」

捜査員から指摘されました。

「いえ、ちゃんとした交際ですよ」

私は即座に反論します。独身の私は、気に入った娘となら結婚も視野に入れているのですから、彼女とは交際中ということになるわけです。そのことを警官に訴えて、被害届は受理されることになりました。

私も人生経験は長いですから、盗まれた現金が戻ってくるとは思っていませんでしたし、貴金属も戻ってこないのではないかと思っていました。ただ、裏切られた怒りから被害届を出したのですが、捜査がどのように進んでいるのか警察側はまったく教えてくれませんでした。

後で判明しましたが、田辺署の捜査員たちは東京に長期の出張をして裏付け捜査をしていたそうです。結局裏付け捜査で私の被害届にウソがないことがわかって、彼女は身柄を確保されて田辺署に引っ張られてきたわけです。それが2016年2月22日のことで、実に事件から1年以上が経っていました。

テレビ局のクルーたちが押し掛けてきたとき、私がまったく寝耳に水状態だったこともご理解いただけるでしょう。

午前3時から仕事を開始

私はニュース番組以外のテレビは、ほとんど見たことがありません。私の職業は前述したように酒類販売業、梅干し販売業、不動産業、そして金融業が主なものです。多くの一流ホテルと契約して酒類を卸《おろ》していますし、和歌山は南高梅《なんこうばい》と呼ばれている有名な梅の産地ですから全国から需要があります。また、株取引にもかなり力を入れていまして、女性とエッチをする時間以外は仕事がたくさんあり、テレビをのんびりと見るヒマはないのです。

毎朝、私は遅くとも午前3時ごろには起床します。平均睡眠時間は3〜4時間ほどで、あとは昼寝を少しすれば、それでなんの支障もありません。ロンドンやニューヨークの株式市場をチェックするのに適した時間なので、午前3時から5時ごろまでは欧米の株価をチェックしたり、書類をチェックする仕事に追われます。

それから20年以上も一緒に暮らしている愛犬、ダックスフントのイブちゃんと散歩に出かけます。メス犬のイブちゃんは私の唯一の家族のようなものですから、それはそれは目に入れても痛くないほど溺愛しています。出張で家を空けたときなど心配で、イブちゃんの世話をお願いしているお手伝いさんに様子を訊くため、何度も電話をしてしまうほどです。それに、散歩というのは気分転換になりますし、体にもいい。

私が健康でいられるのは、エッチとイブちゃんのお蔭なのかもしれません。

散歩が終わると会社へと出勤します。鉄筋コンクリート造り4階建ての会社は20年ほど前に建てた私のお城でありまして、通勤時間は自宅から徒歩2分ほどしかかかりません。

1階の事務所の書棚、そして2階の書棚にはこれまでお金を貸し付けた方の書類ファイルがずらりと並んでおり、その数は数万人分に及びます。

会社のビルの横には酒類販売業で使っている倉庫があり、ビールやワインなどの酒類が毎日フォークリフトで運ばれてきます。倉庫に集められた酒類はトラックの荷台に積み込まれ、和歌山県内はもちろん、三重や奈良にも配達されていくのです。

大都会で満員電車に何十分も揺られて通勤地獄を味わっている方には大変申し訳ありませんが、職場と住居は近ければ近いほど効率的だと私は思っています。

2年ほど前に貸金業に見切りをつけて事業を縮小しましたが、貸金の回収は続けていますし、不動産業のほうもありますので、6人の従業員ともども忙しい毎日を過ごしています。

従業員がまだ出勤していない早朝の会社で、私はトイレや事務所の掃除をした後、書類を整理して過ごし、お昼前には仕事を終えてしまいます。

それからまっすぐに帰宅すると、少し昼寝をして、夕方からは女性と楽しむための時間です。これを毎日のように繰り返します。非常に規則正しい生活を送っていると自分では思っていますけれど、私のことを知らない仕事関係の方は面食らうようです。

「社長はもう帰宅しました。連絡は取れません」

昼過ぎに連絡をしてくる仕事相手にウチの従業員がそう応えると、誰もが驚きの声を上げると言います。

「申し訳ありませんが、ウチの社長はそのような生活ですので……」

従業員がいちいち頭を下げているのは知っておりますが、何十年とそのようなルーティンで暮らしているのですから、生活習慣を一朝一夕に変えることはできないのです。こんなところも周囲からは変わり者と思われる要因なのでしょうが、このルーティンを変えるつもりはありません。

ですから、テレビのワイドショーというものも、ほとんど見たことがありませんでした。朝のワイドショーは仕事の真っ最中、昼のワイドショーは昼寝中のため、見る機会がなかったのです。

余談ですが、大晦日の紅白歌合戦も見たことがありません。そんな暇があったら、仕事やエッチをしているほうが断然楽しい。これが私の生き方です。

ラクダのシャツ＆股引姿が全国に

それはともかく、日本テレビ系、ＴＢＳ系、フジテレビ系、テレビ朝日系、すべてのテレビ局から取材のクルーがやって来ました。すみません、正確には天下のＮＨＫとテレビ東京系だけは来られませんでした。私はきちんと受信料を支払っていますが、ＮＨＫが来なかったのは賢明と言いましょうか、こんなジジイの話を聞いても、放映できないと思ったのでしょう。

テレ東にはワイドショー枠が少ないというのも初めて知ったことです。できれば『開運！　なんでも鑑定団』に出て、私が選んだ美女の鑑定をしてほしいという希望はあります。

また、同じテレビ局なのに番組によって別々に取材に来ることも、このとき初めて知りました。高名なレポーターの方も多く来たようですが、残念ながらお名前もお顔も知りません。テレビの影響力というものに無知だったので、まさかあれほど反響を呼ぶとは想像すらしなかったのです。

この騒動は1週間近くも続き、結局累計で約380人ものテレビクルーが我が家に上がり込みました。忙しくてお断りした番組もあったので、全部受けていたら何人になったのか想像もつきません。別に隠すようなことではないと思って、親切心から取材を受けてしまったのです。

最初のクルーが来たのは、昼寝から起きだした直後のことでした。

「はい、はい、なんですか？」

寝ぼけ眼で玄関に顔を出しました。寝起きですし、温暖な南紀とはいえやはり2月はまだ寒いのでラクダのシャツに股引《ももひき》という恰好です。

「社長、原田容疑者はご存知ですよね」

「エッ？　誰ですかそれ」

「社長の家から金品を盗んで逮捕された女ですよ」

「原田？　知りませんねぇ……」

「また、また、とぼけて……」

最初に取材に来たテレビクルーとは、こんな会話を交わしました。とぼけたわけではなく、信じられないでしょうが、彼女の本当の名前を、このときまで私は知らなかったのです。

「こんにちは。私はジェシカと言います。ロシア人とのハーフです」

交際クラブの紹介で初めて会ったとき、彼女はジェシカと名乗り東京育ちのモデルだと自己紹介しました。

「ジェシカちゃん」

私はそれを信じ、ちゃん付けで呼んでいたのです。自分ではジェシカといい仲になっていると勝手に思っていたのに、彼女が名前や出身地なども偽っていたというのには少なからずショックを受けてしまいました。驚いている私にお構いなく、取材は進んでいきます。

「それで、社長のインタビューを撮りたいんですけど……。6000万円も盗られて悔しかったでしょ」

レポーターの後ろにはカメラマンや照明担当、音声担当など何人かが控えています。私は皆さんが被害者の自分に同情してくれているのだと思ったし、わざわざ東京から田辺まで来てくれたところも多く、申し訳ないという気持ちで取材を受けることにしたのです。

「社長、そのままでいいですから。すぐに撮影は終わりますので」

居間でラクダのシャツと股引を着替えようとしていた私に、レポーターが言います。すぐに東京に引き返して放送の準備をしなければならず、時間がないとの説明に、私はテレビのクルーも大変な仕事だと同情したものです。

しかし、それは私の思い違いだったのかも知れません。

「社長、あのラクダのシャツと股引姿になってもらえませんか？」

2日ほど後に来た、別のテレビ局のレポーターはこう切り出しました。どうやら私の周囲から聞いた話では、髪がぼさぼさで寝起きの恰好の絵面《えづら》が、いかにも「好色ジジイ」のイメージにマッチしていたようです。

きっと一番最初に来たテレビのレポーターは「おいしい映像だ」と、心の中でほくそ笑んでいたのでしょう。私は盗難被害に遭った一般人で、タレントではありません。ラクダのシャツと股引に着替えることを断ったのは言うまでもありません。

私には何も負い目がなかったので、各局の取材に淡々と対応することにしました。顔にモザイクをかけないのも了承しましたが、防犯上のことを考えて詳細な住所と名前、そして仕事の詳しいことは伏せてもらいました。

テレビに出るのは売名行為だと勘ぐる方もいたようですが、むしろこちらから仕事について触れないようにお願いしているくらいで、売名の意図などまったくありませんでした。

言っておきますが、私もキチンとした場所には必ずスーツにネクタイ姿で行くようにしています。たまたま、取材に来られたとき、あの姿だっただけなのです。なにしろ、取材が来るなんてまったく想像もせず、自宅で昼寝していたところを起こされたのですから。

私は東京・赤坂に十数年も行きつけの美容院があり、そこで頭から爪まで丁寧にケアしてもらっています。テレビ局のクルーが来たのは、その美容院の予約が3日後に迫っていたタイミングで、染めていた髪も白髪が目立ってしまい残念な映像が全国に流れてしまったのです。

「1億円なんて紙屑」

「ここで原田容疑者が一人で留守番をしていたというわけですね」
「そうです」
「どんな娘だったんですか？」

レポーターとの会話や部屋の様子をつぶさにカメラが追っています。しかし、テレビ局の取材というのは凄いものです。まるでマルサの家宅捜索のように家の中をひっくり返すようにしてカメラを回していきます。私は実際にマルサに入られていますのでその凄さというものは身をもって体験しています。このことについては後述いたしましょう。

「社長、コレは何ですか」

たまたま居間に無造作に置いてあった大きなバッグの中に、現金数百万円が入っているのをクルーが見つけました。

「これを見てください」

興奮して声が高くなった男性レポーターが目を見開き、バッグの中にあった現金を指さしています。大根役者のようなリアクションでしたが、いつもそうやって盛り上げているのだということは理解できました。

しかし、そこにお金があるのは日常的なことですので、私にとっては特別なものではありません。

「いつもこんな無造作にお金を置いているんですか？」

「ええ、そうですよ」

にこやかに笑いました。すると、

「ここにもお金があります」

再び大根役者もどきのレポーターが甲高い声を上げてクローゼットの棚に置いてあった帯封のある札束を指さしました。そこにも多分2000万円ぐらいは置いてあったと思います。

「社長、一体いくらこの家にあるんですか？」

「いくらだろう？」

私は素直に首を捻《ひね》りました。

「億はありますか？」

「そんなぁ、1億円なんて紙屑みたいなものですよ」

酒類販売、梅干し販売、不動産業に株取引……。仕事ではひっきりなしにお金が右から左に行ったり来たりしており、私にとっては当たり前の感覚です。レポーターにマイクを向けられた私は、笑いながらその正直な気持ちを吐露《とろ》してしまいました。

「エッ、1億円は紙屑ですか」

レポーターは大袈裟に声を張り上げました。これで私がとんでもない悪党のようなイメージができあがってしまったようです。

「どんだけ、胡散《うさん》臭いジジイなんだ」

「紙屑だったらオレにくれよ」

「ラクダのシャツのくせに何を血迷っているんだ」

ネット上には私に対する悪口がてんこ盛りになっていたようですが、そのことを私は知らなかったのです。知らぬが仏とは言いますけれど、やはり私も人の子ですから誤解を解きたいという気持ちは持っております。

ただ、私の気持ちの中にはお金というのはそのようなものだ、という固定観念があったから、あのような発言が出たのです。

少し前に大王製紙の御曹司が100億円以上ものお金を博打で失った事件がありました。世間が巨額のお金を博打に使ってしまった御曹司を責め立てたのは記憶に新しいところです。

あれは特別背任という罪ですから、批判されるのは当然のことですが、1億だろうが2億だろうが大差ないという気持ちが彼にはあったように感じます。同じように株取引で巨額のお金を運用している者にとっても1億、2億という単位は単なる数字でしかない感覚になります。実際に価値がないと言っているのではありません。そういう感覚でないと、大きな株取引などできませんよ、私が言いたかったのはそのようなニュアンスだったのです。

テレビで私の発言を聞いた方は、私がまるで時代劇に出てくる越後屋のように見えたかもしれません。しかし、直《じか》に会えばわかってくださると思いますが、私は傲岸不《ごうがんふ》遜《そん》な男ではありません。それどころか小柄でひ弱で小心者で、人様を怒鳴りつけることもしません。腰は低いと思いますし、ただ腰を動かすのが好きな小市民なのです。

「飲む・打つ・買う」

「飲む・打つ・買う」という言葉があります。

私は酒はビールを少々だけで、オッパイは吸いますけれどタバコは吸いません。当然、スポーツ選手や芸能人たちに流行の覚醒剤ともまったくご縁はありません。

博打はパチンコも麻雀も公営ギャンブルもやったことがありませんが、株をやっているので十分です。最後の「買う」専門じゃないかと思われるでしょうが、一方的に買っているわけではないので、私の場合は少しニュアンスが違います。

私は理解していなかったのですが、取材に来ていたクルーたちは、私が原田容疑者とヨリを戻したくて警察に被害届を出したと思っていたようです。もう一度引き留めるために、警察に彼女を探し出してもらいたかったのではないか、というのです。

世間は74歳の私と50近くも年齢差がある27歳の彼女が、本気でまともな交際をするわけがないと思っている。そのことに私の頭が回っていなかったんです。せっかく自分と付き合ってくれる若い女性ができたのだから、何があっても彼女を手放したくない――。私が未練たらたらで、そう考えていれば皆さんにもわかりやすかったのですが、それはまったくの見当違いです。

自慢をするわけではありませんが、若い女性だったら周りにたくさんいます。原田容疑者との付き合いもその一つで、どこか割り切りつつも、うまくいくようなら結婚の可能性も視野に入れていました。ただ、裏切られた後ではすっかり冷めてしまったので、未練など欠片《かけら》もありませんでした。

私のお金目当てで原田容疑者は交際していた……。そのように世間が思うのは自由です。それと同様に、彼女は本気で自分と付き合っていたと考えるのも自由なはずです。世の中には財産を目当てに結婚する人がいることも知っています。反対に愛情だけで結婚するカップルもいるでしょうし、ある程度の打算で結婚するカップルもいることでしょう。

私はそのどれも否定はいたしません。実際問題として私はエッチのお礼に毎回30万から40万円の謝礼を渡しています。それが高価だからと文句を言われる筋合いはありません。これが私の思考回路です。

これを売春行為だと指摘する方がいるようです。しかし、そうではありません。売春防止法により売春は罪とされていますが、これには罰則規定がありません。それは、あまりにもグレーな範疇《はんちゅう》であるからです。ホステスに高価なプレゼントをして、その結果、エッチまで行ったとします。これは売春と言えるでしょうか。また、二人で高価な食事をし、(男からでも、女からでも)ブランド物のバッグをプレゼントしてエッチするカップルもいます。それを売春とは言いません。

売春に罰則があるのは管理売春という罪でして、これは生業《なりわい》として女性を管理、ピンハネをして性行為をさせるというものです。

私の場合、金銭がモロに表に出ているので品がないと思う方もいるでしょうが、正直にエッチをしたいから、その対価としてお金を渡しているわけです。高価なプレゼントを渡しても、それを後で換金する女性もいます。むしろ私のほうがよほどストレートで素直です。それに、決して嫌がる女性と無理やりエッチをしているわけではありません。

そのようなことをテレビのインタビューでも喋ったのですが、カットされてしまい、それらはまったく放送されませんでした。それどころか、「盗難保険を利用するつもりだろう」とか「節税効果を狙って被害届を出した」という穿《うが》った見方もされてしまいました。

「高利貸しのくせに若い娘といちゃついて」

という声も耳に入ってきました。高利貸し云々については後述させていただきますが、少なくとも私は盗難保険には入っていませんし、今回の件を利用して節税効果を狙っていることもありませんが、若い娘といちゃいちゃするのが好きなのを否定はいたしません。

窃盗事件もいい勉強

前述したように、私が原田容疑者を訴えたのは、信頼していた者に裏切られたという憤りがすべてです。今までの人生で、私が選んだ女性にこのような裏切り行為をされたことがあまりなかったので、それだけ悔しさも大きかったわけです。

原田容疑者には少なくとも400万円ほどの現金をすでに渡しており、あのまま付き合っていればその金額は増えていったと思います。また、結婚する可能性もありました。そうなれば私の財産をすべて手に入れるチャンスもあったわけです。それなのにどうして私を裏切ることになったのか。

警察から事情をある程度聞きましたが、彼女には付き合っているヒモの男がいて、それに貢《みつ》ぐために窃盗を働いたようです。彼女の国選弁護人からは現金の弁済はどうやら不可能だということを聞いています。貴金属に関してはかなり戻ってきていますが、現金に関してはどうせ返済能力はないようなので諦めました。

私は彼女の罰を望まないとの上申書を警察に提出し、2016年3月初旬になって彼女は起訴猶予処分で釈放されました。どうせ返ってこないでしょうから民事裁判を起こして、損害賠償請求をする予定もありません。

彼女からは今もって、謝罪の連絡はありません。私にとってはいい勉強をさせてもらったという気持ちです。ただ、こんな結果になるのは私としても非常に残念だったということは声を大にして言いたいことです。

「何なの、あの恰好は？」

ワイドショーを見た知人からは何本もの電話がかかってきました。ネット上では今でもそのときの様子がアップされているようですが、番組によって私の恰好がラクダのシャツからワイシャツ姿に変化し、そしてスーツとネクタイ姿に変化していったのがわかると思います。

しかし、やっぱりラクダのシャツに股引はマズかったと反省をしているのです。

第2章　「若さ」と「馬鹿さ」の日々

和歌山の田舎に生まれて

私は和歌山県南西部の田辺市で1941（昭和16）年4月、7人きょうだいの三男坊として生まれました。

終戦直後の混乱のなか、日本中が貧しかったときに少年時代を送っています。食べるものも不足し、そのためなのか私の身長は160センチ弱しかありません。実家は酒屋を営んでいましたが、裕福とは言えず日々の食事にすら困るような状態でした。まあ、終戦直後は日本国民のほとんどが飢えに苦しんでいたのですから、私の家が特別貧しいということではありません。

当時は娯楽というものが少なく、近所のガキ大将に従って里山でチャンバラごっこをしたり、山の斜面に掘られていた防空壕なんぞで秘密基地を作ったりするのが楽しい遊びになっていました。

危ないからと大人たちは注意をしますけど、子供というのは多少危ないものに興味を惹《ひ》かれるものです。肥後ナイフを使って笹などを取ってきては防空壕の入り口をカムフラージュし、改良を加えて内部にムシロを敷いたりして快適な空間を作るのが無上の楽しみでありました。

雨が降ろうが風が吹こうが寒かろうが、その空間にいれば親の小言も聞こえてこない。まるで一国一城のような空間で、主《ぬし》となる殿様はガキ大将が務めます。ガキ大将はせいぜい中学2年生までで、その後は新しいガキ大将にバトンタッチされていきます。

なにしろ私の世代のすぐ後には団塊の世代が続きますから、どこの家々からも赤ん坊の泣き声が聞こえているような環境で、子分がどんどん増えていくような状態でした。ですから近所で遊ぶにしても、小学校低学年のうちは味噌っかす扱いで仲間にすら入れてもらえません。仕方なく同学年どうしで、かくれんぼなどして遊びます。そういう年代を卒業すると、やっと秘密基地などを作って遊ぶ上級生グループに加えてもらうことができます。このあたりは軍隊のシステムにやや似ています。少年兵から予科練に昇格していくような高揚感を田舎の里山で感じていたものです。

「大変です、敵が近づいてきました」

防空壕の外には前線基地も置かれていまして、その見張りを命じられていた洟《はな》たれ小僧が真剣な顔をして報告に来ます。「敵」に見立てられたのは、畑の作業に来るオッサンです。そうやって、近づいてくる人がいれば、基地に陣取る隊長に走って報告し、指示を仰ぐわけです。

「そうか、散開して敵が近づくまで待て」

ガキ大将のマーやんが命じます。多分マーやんは中学1～2年生だったと思います。マーやんの名前が誠だったのか正則だったのか、今ではまったく記憶にありませんが、当時小学4年生だった私には、うっすらと鼻の下に髭が生えたマーやんがまるで大人のようにぴかぴか輝いて見えました。

「わかりました。そら行くぞ」

マーやんの命令に従った隊員たちは、めいめいが枝を切って作った木製銃を大事に抱え、茂みの中で息を潜めて辺りを窺《うかが》うことになるわけです。銃といっても、もちろん弾が出るわけではありません。「パンパンパン」と口で発射するだけのことです。

攻撃と防御の二手に分かれての戦争ごっこもかなり流行りました。服に緑の小枝を刺し、カムフラージュして敵陣地を急襲する果敢な作戦も行いました。松ぼっくりの手榴弾も飛び交います。

「ウーン、やられた」

銃口を目の前にして派手に倒れるのにも、なかなかの演技力が必要です。

「お前、上手いじゃないか」

マーやんにそう褒められると、天にも昇ったような気分になったものです。

ガキ大将から受けた性教育

「今日は斥候《せっこう》に行くからな」

うるさいほど鳴いていたセミの声がやっと消えて、畑の収穫が一段落した初秋のことでした。

マーやんが先頭に立って里山を登り始めました。斥候というのは偵察という意味です。集落奥の里山の頂上には狛犬《こまいぬ》が置かれた神社があり、その辺りを偵察して回るのです。木製の銃を抱えて腰を低くした6～7人の隊員たちは、木の幹に身を隠しながら神社に向かっていきます。気分は敵陣を偵察する皇軍兵隊でありました。

小学生だった当時の私にはわかりませんでしたが、神社の裏には男と女が密会するのに塩梅が良い草地や茂みが多くありました。

「この辺りに敵が潜んでいたはずだ。散開して調べろ」

マーやんの命令で隊員たちは茂みに分け入りました。そこには古い紙やボロ布が散らばっています。

「隊長、大変です。こんなものがありました。早く来てください」

私と同級生の勝《まさる》クンが甲高い声を上げたので、隊員たちが勢揃いしました。勝クンが指さす地面には、枯れ葉の下に隠れるように、土がついてセピア色に変色した写真がありました。それは日本髪を結《ゆ》った上半身裸の女性が、首を傾げて椅子に腰かけている構図でした。

「こりゃあ、凄い。勝、勲章ものだ」

マーやんに褒められた勝クンが勝ち誇ったように鼻を膨らまします。写真の女性はお世辞にも美人とは言い難く、肉付きのいい体についた乳房も、まるで相撲取りのようです。まだ、性に目覚めていなかった私は、こんなものを見つけたくらいで勲章はないだろうと思いました。

私の気持ちとは裏腹にマーやんの鼻息は凄まじく、副長だった良《りょう》さんも同級生のマーやんが手にした写真をじっと見つめています。なんで隊長や副長があんなに興味津々なのか、私には到底理解ができません。

なおも探索をしていると、今度は私が薄汚れた小さなビニール袋のようなものを発見しました。

「隊長、こんなのがありました」

そのビニール袋を手にして隊長のところへ持っていくと、彼の顔色はみるみる真っ赤になりました。

「ど、どこにあったんだ？」

「あそこであります」

兵士のように直立不動の私は、向こうの茂みを指さしました。

「そうか、それはよくやった」

筒状になったビニール袋をしげしげと見つめながら、マーやんは興奮した口調で褒めてくれました。私がその場所に案内すると、マーやんも良さんも茂みをかき分けて他の残留物がないか、猟犬のように地面に這いつくばって探していました。

「いいか、この袋はコンドームというゴムの避妊具だ。これをチンチンにはめれば女と交わっても子供ができない」

マーやんの性教育を受けても、小学生の私にはピンときません。しかし、先輩たちからの懇切丁寧なご指導のお蔭で、徐々に男女の関係について理解を深めていったのです。

そのような楽しい放課後を過ごしていた私ですので、学校の勉強は苦手でした。苦手というより、中学校時代の女性担任との折り合いが悪かったのです。キリギリスのような骨ばった顔にメガネをかけている30過ぎの先生でした。ギスギスしてよくヒステリックに怒鳴ります。

「日本は民主主義になったんですから、古い殻から脱皮しなければいけません」

敗戦した日本のことを卑下する教育といいますか、極端なアメリカ礼賛の教育に辟《へき》易《えき》したものです。

私は世代的には軍国少年ではありませんが、日本万歳と言っていた大人が敗戦を境に日本を頭から否定するようになった風潮を、子供心に不可思議なものとして感じておりました。それで、こんな教育を受けてもしょうがないので、早く社会に出て自分で稼ぎたいといつも思っていたのです。

童貞喪失は14歳

中学2年生の秋、忘れもしない14歳のとき、童貞を失う事件がありました。

小学校を卒業した私はガキ大将にはなれず副長をしていましたが、中学に入るころには、かつてのガキ大将たちがなぜあんな女性のヌード写真に興奮していたのか、理解できるようになっておりました。ただ、女性とどのように接してフィニッシュまで辿りつくのかという情報が少ない時代でした。

テレビもビデオもなく、現在のように週刊誌や月刊誌で懇切丁寧にセックス特集をしてくれるわけでもありません。性というのは暗いイメージを伴い、そのことを話題にすることすらタブー視されていました。

悪ガキの同級生がたびたび、どこからかヌード写真を手に入れて教室に持ってきます。

「ワーッ、凄いや」

ウエストのくびれもない大根足のたくましい女性がヌードになっている写真ですが、それでも十分すぎるほどの刺激です。頭の中はエッチな妄想でいっぱいです。同級生の女の子となんとかエッチできないか、悶々とする日々を送っていました。

同級生の悪友の中には筆下ろしを自慢するヤツも現れ始めました。

「お前な、そりゃあいいものだぞ。あのな……」

大人じみた悪友の華々しい戦果を拝聴しているだけで、股間が膨らむ有り様《あさま》です。同級生の女の子を見るだけで、妄想が大海原の如く果てしなく広がります。これでは授業どころではありません。私も早く大人の仲間入りをしたい。それればかり考えておりました。

男性がそう考えるのと同様に、思春期の女性も同じようなことを考えているものだとは、当時の私には考えもつきませんでした。男にも女にも性欲はある。ただ、それを人前で言うか、黙っているかだけの差だと、この歳になって私は確信しています。

あれは秋祭りの夜のことでした。

祭りというのは理性を失わせる何かがあります。地方によっては祭りの夜、男性が目を付けていた女性に夜這いすることが黙認されていたところもあったと聞きます。

その日、私は前々から目を付けていた同級生の美幸ちゃんと、畑の作業小屋で待ち合わせしました。

遠くから太鼓とお囃子《はやし》の音が聞こえてきます。太ったコケシのような容貌の美幸ちゃんはお世辞にも美人とは言えませんが、愛嬌があるのでよく言葉を交わしている仲でした。

「悪いけど今日、宿題を教えてくれるかな？　その後、一緒に祭りに行こう」

教室で誰にも聞かれないように囁くと美幸ちゃんはこっくりと頷《うなず》きました。もちろん宿題云々は言い訳でしかありません。それでも作業小屋ではムシロに腰を下ろし、真面目に教科書とノートを出して、訳も分からない数学の練習問題を眺めていました。当然のことながら問題はまったく頭に入ってこず、横で問題を眺めている美幸ちゃんの息遣いを、胸を高鳴らせて感じていました。

彼女がエッチに対して興味を持っているらしいことは同級生からも耳にしていましたし、私も以前から薄々感じていました。美幸ちゃんは私のことを大好きではないけれど、嫌いなわけでもなさそうです。私も同じで、美幸ちゃんのことを大好きなわけではありませんが、エッチとはどのようなものなのか興味津々で、初めての相手として彼女に不足はありませんでした。

適当に練習問題を解いている最中に私のタガが緩み、ムシロの上に転がって無我夢中で美幸ちゃんを抱きしめた記憶は今も鮮明に残っています。ムードも何もないエッチでした。暴れる息子が突入して果ててしまっただけのことです。彼女のリードで終わってしまったのですから、今から考えると美幸ちゃんのほうが上手《うわて》でした。うまく誘ったつもりが、反対に誘われていたのかもしれません。

お互いに愛情はあまりなかったけれど、肉欲があったことは確かです。それに世の中にはこんなに楽しいことがある、ということを知ったのですから、私は満足でした。

以来60年、世界中の美女とエッチしたいと考えながら、日々を送るようになったのです。

「美女とのエッチ」を人生の目標に

私が生まれたころ、実家は小さな酒屋を経営し、わずかばかりの畑はありましたが、戦後になっても7人きょうだいが食べていくのがやっとという状態でした。みんな常に腹を空《す》かせており、中学校を出たら働くのが当然という環境です。まして私は三男坊ですから、家業をつぐわけにもいかず、自分で生活を切り開いていかなければなりませんでした。

そのことに対して不満はなかったのですが、社会の仕組みを知らないまま世間に出た私は躓《つまず》き、転び、痛い目に遭いながら、辛うじて溺れない程度の生活を送っていました。

そりゃあ、学校には金持ちの子弟もいましたが、彼らは彼らで別のグループを作っていて、私たち貧乏グループと交わることはありませんでした。子供ながらに、そこには歴然とした仕切りがあると感じていたからでしょう。

「末は博士か大臣か」という言葉は、裕福な家庭の子弟たちに限ってのもので、少なくとも私にはその能力も財力もありませんでした。

早く社会に出て金持ちになりたいという希望を、同級生に語っていた記憶はあります。

「オレも金持ちになりたい」

同級生の多くがそう口にしていました。彼らは金持ちになること自体が目標のようでしたが、私の場合は違います。金持ちになることが目標ではなく、金持ちになって好みの女性とエッチすることが目標だったからです。ただ、その目標については誰にも言いませんでした。

他人が聞けば、「助平」「馬鹿者」と蔑《さげす》むのでしょうが、私はそうなるためにはどうしたらいいのかを毎日毎日、真剣に考えて過ごしたのです。

貧乏人と見下され

最初に勤めた名古屋の酒造メーカーの仕事は肌に合わず、給料が安いのにこき使われて、へとへとになってやっと寮に戻ってくるような毎日でした。酒の瓶を洗ったり、重い酒のケースを運んだりする仕事でしたが、もたもたしていると容赦なく先輩からの拳骨が飛んできます。今ならブラック企業に認定されるような職場も珍しくなかった時代のことです。

朝鮮戦争特需があって、なんとか景気は上向きになっていましたが、まだまだ庶民がそれを実感できるほど豊かではなかった時代です。このままメーカーで仕事をしていてもうだつが上がらないだろうと毎晩布団の中で考えていました。

会社の寮住まいだったので好きなエッチもできず、自分で自分を慰めるしかありません。

私が働きだしてすぐに赤線は廃止されましたが、青線は残っていました。私は密かに心を躍らせながら給料日の後に一人で青線に行きました。仲間たちと一緒にそのような場所に行くほど開放的ではない私は、自分の心を見透かされることに恐怖を感じてしまうウブな男でありました。

小料理屋が並ぶ狭い通りには、歌舞伎の隈取りのような厚化粧をした年嵩《としかさ》の女性たちが並んでいます。彼女たちは値踏みをするかのような目線を送ってきただけで、声を掛けてくることもありません。私がたいして金を持っていないことを察したのでしょう。私は胸の高鳴りを抑えつつ、伏し目がちに早足でその前を通りすぎました。

胸の高鳴りは興奮ではなく、自分への嫌悪感でした。

商売女、パンパンと呼ばれる女性たちに貧乏人と見下され、相手にされなかった自分が情けなかったのです。また、それが理由ではないでしょうが、彼女たちに対しては自分が性的興奮を覚えないこともはっきりと自覚していました。

誤解を招きたくはないのですが、性を売り物にする女性を見下すつもりはありませんし、彼女たちによって幸福感を得る男性諸氏を批判しようとも思いません。ただ単に私の感性には合わないという程度のものです。

不遜《ふそん》と言いましょうか身の程知らずと言いましょうか、自分の気に入った素人娘を口説いてエッチをしなければ面白くないという考えに凝り固まるようになりました。

しかし、そういう理想を持っていたにもかかわらず、たまに口説けた女性がいても、自分の理想とする女性には遠く及ばない方ばかり。情けなさは募る一方でした。

それと言いますのも、自分は言葉巧みに口説くテクニックや、女心の機微がわかるほどの余裕を露ほども身につけていなかったからです。

そんな自分を省《かえり》みず、美人の素人お姉ちゃんとエッチしようと考えていたのですから、馬鹿げた話です。「若さ」という単語は「馬鹿さ」と一文字しか違いませんが、それはこのふたつがあまりにも似ているからだと思います。

田舎に戻って鉄屑拾い

「辞めさせていただきます」

名古屋での勤めが1年近く経ったある日、会社の事務所で上司にそう告げました。

「お前な、『石の上にも三年』って言うじゃないか。お前はまだ1年しか働いていないんだからもう少し辛抱しろよ」

「いろいろ考えましたが、私には向いていないことがわかりましたから」

「次の仕事のあてはあるのか?」

「いえ……」

「そんな考えだったら、どこに行っても通用しないぞ」

蔑んだような上司の視線はいまだに忘れません。しかし、このまま勤めていても将来が見えてきません。「石の上にも三年」という格言はもちろん知っていましたが、見切りをつけるのなら早いほうがいいという気持ちが強く、結局辞めることにしました。

私はいったん故郷の田辺に戻って家業を手伝いながら、鉄屑拾いの仕事を始めました。

太平洋戦争でアメリカのB-29爆撃機から投下された爆弾の破片を回収したり、工場から出る鉄屑を整理したりして、それを鉄屑屋に売却するという仕事です。この仕事では誰にも雇われることなく、毎日一人で歩きまわっておりました。

銅線や鉄屑は当時、高い値段で買い取ってくれましたので、鉄屑拾いは流行りの商売だったのです。上司から指図されるばかりの酒造メーカーの仕事に比べ、どこに行けば鉄屑が集まるか自分で考えて動くのですが、これが自分には向いていました。

仕事をサボれば収入がなくなります。会社の上司から命じられていた時代は嫌々やっていた仕事も、自分が動かなければ収入はゼロだと思えば必死になります。

「鉄屑はありませんか？」

自転車を転がし、工場などを回って情報を仕入れます。鉄屑を見つければリヤカーで運んで業者に持っていく毎日です。働けば働いただけ獲得する鉄屑は多くなりますから、朝から晩まで働きました。当然のことながら収入も増えましたが、自分が食べていける程度にしか儲かりません。

女性と交際するには軍資金が必要で、相手の食事代も支払えず、プレゼントのひとつもあげられない男がモテるわけはありません。私はどうしたら軍資金を調達できるのかと常に考えていました。

戦後10年経った1956年春の経済白書には「もはや戦後ではない」という有名なフレーズが記載されて流行語になりました。私が15歳のころです。確かにそれから高度経済成長を迎えるわけですが、街には復員者たちが経営するマーケットがそここにあり、闇物資の取り引きが白昼堂々と行われていました。また、街を守ると称する暴力団・愚連隊が跋扈《ばっこ》するなど、社会は混沌としており、実態とすればまだまだ戦後のどさくさは続いていたと言えます。

「もはや戦後ではない」という流行語にしても、庶民は「そんなわけがないだろう」という思いで受け止めていたように思います。しかし、日本は1960年代半ば過ぎにはすっかり高度成長のレールに乗ることができました。

50年代後半に三種の神器と呼ばれていたのは白黒テレビ、洗濯機、冷蔵庫でした。それがなんとか広まると、60年代半ばには車、カラーテレビ、クーラーの頭文字を取った3Cと呼ばれる消費財に人気が集まりました。そして、私たち庶民が高度成長を実感できたのは70年の大阪万博開催のころだったと思います。

急成長を遂げていく世の中を横目に、私は相も変わらず鉄屑を拾い集めていました。

グッチ先輩の教え

復員者たちが集まるマーケットには雑多な人々が蠢《うごめ》き、夜ともなれば何軒かあるホルモン焼き屋から煙とともに香ばしい匂いが流れてきます。

仕事終わりに鉄屑屋の元締めである山口文彦先輩から誘われた私は、マーケットの端にあったホルモン屋で一杯ひっかけることになりました。

同じ中学校出身の山口先輩は7歳年上で、実家が鉄屑屋をしていました。私が集めてきた鉄屑を相場よりも高い値段で買ってくれる、ありがたい先輩です。ウマが合ったと言いますか、性欲が摩天楼のようにそそり立っているのを隠して、純情な振る舞いをしている私のことを可愛がってくれていました。

私は身長が160センチほどしかないので、人を威圧するような体格でもないし、喧嘩も弱い。ですから、他人と接するときも穏やかで、攻撃的な性格ではありません。一方の先輩は中学時代には番長だったというだけに腕っぷしも強い。しかも、名門高校を出ているので頭が良くて弁も立ちます。そのうえ、面倒見も良いのですから、非常に頼りがいがありました。

「先輩、どうしたらモテるんでしょうね」

先輩を前にすると誰にも打ち明けることがなかった言葉が素直に出てきます。

「どうした、色気づいているのか？　お前は目鼻立ちが整った可愛い顔をしているからモテないことはないだろう。焦る歳でもないし、気楽に考えろよ」

青々とした髭剃り跡を撫でながら先輩は笑いました。

「気楽になんて、先輩はモテるから他人事のように思っているんでしょうが、正直に言ってオレは美人にはモテませんから」

名古屋の青線ですら相手にもされなかったことを打ち明けました。

「そうか。そりゃあ、金持ちになるにこしたことはないなぁ」

「どうすれば金持ちになれますか？」

「それは難しい問題だよなぁ。親が金持ちなら簡単だろうけど、お前は違うからダメだ。まずは資本家にならないと資本主義社会で勝ち上がれないと思う。でも、急に資本家になるのは無理だから、種銭《たねせん》となる小金を貯めることだ。ある程度金ができれば金が金を生むようになるから」

「へえ、そんなもんですか」

自分が社会の仕組みについて知らないことを恥じるどころか、呆然としてしまいました。

「じゃあ、手っ取り早く種銭が稼げるのは何ですか？」

「急に言われてもオレも考えつかない。いや、オレだって金には苦労しているから大学にも行けなかった。ちくしょう、金があれば大学に行ったのに」

酔うと、大学に行けなかったことを悔やむ愚痴が先輩の口から何度も漏れました。

愚痴が多いことと、山口という苗字から「グッチ」とあだ名がついたほどです。

「大学に行かなくたって、立身出世をした方はたくさんいるじゃないですか」

大学のことが話題になると、グッチ先輩の酒のピッチが速くなったものです。

「やっぱりお前は社会のことがわかっていない」

慰めの言葉をかけても、先輩は私の顔をじっと眺めて首を振るばかり。このときの私は本当に社会の仕組みが何もわかっていなかったのです。

大学に行くということは、勉強するだけではなく社会的な地位を築けるという意味もあり、学閥の一員になれるという意味もあります。そして、これが社会ではかなり有効な切り札であることなど、青二才の私は知る由もありませんでした。

そして社会を引っ張っていくのが、官僚という雲の上の存在であることも当時は想像もつかなかったのです。こんな大事なことをなぜ学校では教えてくれなかったのだろうかと思ったものです。

「お前も飲め。飲んで憂さを晴らすのが庶民の暮らし方なんだ」

苦い爆弾焼酎を勧めてくれました。同じ席に呼ばれることが多かったのは私と同じ鉄屑拾いをやっていた3歳年上の関口佑蔵という男でした。これはグッチ先輩の腰巾着のような男で、先輩のご機嫌取りばかりしており、それこそ米つきバッタのようにしょっちゅう頭を下げていました。

しかし、先輩がいなくなると私に対してまるで子分のように命令をするので内心閉口しておりました。

「オレが昨日見つけたものだから半分寄越せ」

私の後をつけていたのかもしれません。やっとのことで爆弾の破片を発見したり、工場で鉄屑を見つけて喜んでいたりすると、偶然を装った関口が現れ、何度も私の獲物をかっさらっていったものでした。逆らったら殴られてしまいますし、喧嘩で勝てる自信などないので従うしかありません。

いろいろな性格の人間がいることはわかっていたつもりですが、弱肉強食の社会が歴然と存在することを知った私は、それに打ち勝つためには金の力が必要だという認識をより強く持つようになっていきました。

酒屋が私の生家でありますけれど、酒は強くなくもっぱらビールで喉を湿らす程度、当時も今も酒よりは女性に食指が動くほうであります。かと言って軟派な性格でもなく、人様の前では硬派を気取っていました。本音では隙あらば女の子を口説きたいのです。

ただ、当時はそれだけの器も軍資金も持っていませんでした。

ホルモン屋のみっちゃん

煙に霞《かす》むカウンターの中では数人の女性店員たちが、酔っ払いの相手をしながら料理や酒を運んでいます。その中に長い髪を後ろで結ったポニーテールの可愛い娘がいるのを見つけました。「みっちゃん」とお客さんたちから呼ばれて人気者のようでした。

「何になさいますか？」

みっちゃんの大きな瞳で見つめられただけで、胸がドキドキして舌が絡んで縺《もつ》れてしまうのです。背がすらっとしてスレンダーなのに、そのわりには胸の膨らみが目立ちます。清楚な雰囲気を醸し出していますが、たらこのような下唇がぽてっとしてたまらない色気を感じました。

「お前、あの娘が気に入ったんだろ」

焼き鳥の串を手にしたグッチ先輩が囁きます。

「そ、そんなことありませんよ」

慌てて首を振りますが、私のぎこちない動きを見ていれば、誰だって私が彼女を気にしていることはわかったでしょう。

「真っ赤になっているぞ」

「酒は弱いですから」

好きな女性を知られるというのは若い時分には恥ずかしいものです。このとき私がもう少し歳を取って経験があったなら、「ええ、みっちゃんのことが気に入っているんですけど、ひとつ先輩、助けてくださいよ」と言えたはずです。

年齢は彼女のほうが私よりも4つ上だと知りましたが、どうしても懇意になりたい一心で週に2度、3度と店に通うようになりました。先輩が付き合ってくれなければ、一人でカウンターに腰かけて、ロダンの「考える人」の如く彫刻のように固まって時間を潰すだけでした。

「お前、みっちゃんとデートできたのか？」

ある日、グッチ先輩と店に行き、カウンター席につくと、先輩がそう切り出しました。

「別にそんなつもりじゃないんで……」

頭の中は空っぽで、ポーズだけの「考える人」である私は、むきになって首を振りますが、それを見透かしたようにグッチ先輩は私の耳元で意外なことを囁きました。

「あのな、彼女にはヒモがいるから口説くのは大変だぞ」

耳を疑いました。まさか目の前の清純そうなみっちゃんが、ヒモと暮らしていると は俄《にわ》かに信じられなかったのです。

「鉄也って知っているか？ あれが相手だ」

「本当ですか？」

鉄也さんは中学の先輩で、言葉を交わしたことはほとんどありませんが、ちょっと不良じみてはいるけど大人しい性格で、とてもヒモをやっているというイメージはありません。

ヒモというのは筋骨隆々の強面《こわもて》の男だという勝手なイメージが、私にはありました。鉄也さんは優男《やさおとこ》ですし、自分から女性に近づいていくようなタイプの男でもありません。それに、暴力とエッチで女をコントロールして貢がせるのがヒモだとばかり思っていたので意外でした。

「あのな、ヒモというのはなにも積極的に女を口説かなくていいんだ。それよりも距離をとって女が気にかけるような存在になる。そして一番大事なのは女の母性本能をくすぐることだ。『私がいなけりゃ、この人は生きていけない』と思わせて、貢がせるテクニックがなきゃあいけないんだ。誰でも彼でもそんな才能があるわけではないことぐらいわかるだろう」

グッチ先輩の言葉が重い鉛のように胸の奥に沈みました。私にはそんなテクニックなどあるわけがありません。しかし、毎夜のようにみっちゃんが鉄也先輩とエッチしているのだと想像しただけで、悔しいような羨ましいような気持ちになるのでした。残念ながら私にはヒモになれるような才能、才覚がないのは自分が一番よく知っています。

儲かる仕事とは何か

正々堂々と好みの女性を口説ける軍資金を得るため、額に汗して働くことは嫌なことではありません。しかし、このままの鉄屑屋稼業では将来が見えてきません。他に儲かる仕事を見つけなければならない。私は次第に焦りを感じるようになっていました。

「お前な、将来は堅い仕事に就くか、手に職を付けなければならないぞ」

両親は私が小さいときから口酸っぱく言っていました。

「堅い仕事って何？　鉄工所？」

この程度の知識しかない私でした。

「アホ。あのな、役所の職員、警察官などの公務員や国鉄職員とかになるんや。銀行や製鉄会社みたいな大きな会社の社員でもいい。潰れる心配はないし、9時〜5時で休みもキチンと取れるから楽なもんや」

当時は高度経済成長前ですから、まさか銀行が潰れたり、大企業の社員がリストラされたりするなどとは想定外のことです。

集団就職がニュースになっていた時代で、東北はもちろんのこと、九州などから列車に乗った右も左もわからない中卒の〝金のタマゴ〟たちが大都会の工場に送り込まれました。金のタマゴと誰が名付けたのか知りませんが、これは資本家から見た言い方でして、15歳の若者たちはその若さで社会の荒波を潜《くぐ》り抜《ぬ》けなければなりませんでした。頭が良いのに経済的に恵まれない家庭の子供は、中学を出れば有無を言わさず働かされるわけです。当時はそれを疑問にも思わない、弱者に厳しい社会だったと思います。

「貧乏人の子だくさん」とも言われていた時代です。無計画に子供を授かってしまうために生活苦になる状況が続いていたのです。少子化が騒がれている現代とは隔世の感があります。

それはともかく、親の忠告を子供が聞かないのは世の常で、私も右から左へと聞き流しておりました。鉄屑稼業では先が知れているのはわかりましたが、今さら堅い仕事に就けるはずもありません。勉強もできなかった私がまともな会社の採用試験に合格するはずもなく、「堅い仕事」に就くことなど考えもしていませんでした。

もし、私が少しでも勉強ができていたのなら公務員になっていたかもしれません。時間を遡《さかのぼ》ることはできませんが、そうなれば今の私というのはなかったわけですから、どちらが良かったのか……。考えても詮《せん》ないことですが、当時は堅い職に就いた者たちに対して、羨ましいという気持ちを抱いたものです。

手に職を付けろ、というのも60年代には年配者がよく指摘していた言葉です。料理人や理容師、仕立て屋さんなどの職人さんですが、私にはとてもとてもそんな能力があるとは思えません。弁護士とか司法書士のような資格を取る能力も当然ないのですから、何か儲かる仕事といっても、そう簡単に思い浮かぶはずもありません。

そんな私に、大きなチャンスがやってきたのです。

第3章　転機——「どうも、コンドーム屋でございます」

商売の原点

爆弾の破片を探しに畑を回っていると、人糞を溜めて肥料にするための肥溜《こえだ》めというのが、あちらこちらにありました。注意をして歩かないと肥溜めに落ちてしまいます。実際、その悲劇に見舞われた同級生も少なからずいました。さすがに肥溜めで溺死、という話は聞いたことはありませんが、一度でも肥溜めに落ちた友人は喧嘩になると、

「この糞《くそ》まみれが」

と悪口を言われたものです。肥溜めに落ちてしまうと、着ていた服はいくら洗っても臭いも色も落ちることはなく、捨ててしまわなければならないのですから、親からもカミナリが落ちるという悲惨な状況になるのです。

幸いなことに私は一度も落ちたことはありませんが、爆弾探しに熱中していると藪の中にひっそりと肥溜めが隠れていたりするので、危なく落ちそうになったこともしばしばでした。

その肥溜めの横を通ったとき、ひょいと見るとビニールのようなものがプカリと浮いていました。それも一つではなく、いくつも浮かんでいます。竹竿を使ってアンモ

ニア臭のする肥溜めを息を詰めてかき混ぜてみると、それは避妊用具のコンドームでした。幼少時代に中学生のガキ大将と遊んでいたときに、神社の奥でそれを見つけた記憶がクッキリと蘇ってきます。

「お前、何をしているんや？」

関口が肥溜めをかき回している私を見て、声を掛けてきました。

「こりゃあコンドームですよ。こんなにあるんですね」

「馬鹿か、そんなもの汚いだろ」

呆れたような表情を浮かべた彼は、さっさと爆弾探しのために去っていきました。

しかし、私は違うことを考えていたのです。肥溜めにこれだけの量のコンドームがあるということは、エッチはしたいけど子だくさんにはなりたくないという時代になっているのだなと想像したのです。

そこで、私は閃《ひらめ》きました。

当時はコンドームを手に入れることが難しい時代でした。現在では薬局やスーパーの棚などに無造作に置かれていますが、そのころは町の薬屋の暗い奥に密かに置かれており、「避妊具をください」とはなかなか言えない雰囲気があったのです。特に女性客ならなおさらです。その状況を変えるにはどうしたらいいのか。こちらからコンドームを持って訪問販売をすれば、女性でも購入してくれるのではないか、と考えたのです。

ちょうど桜の花が咲きだした春のことでした。植物も動物も春になると生き生きとし、猫は朝から晩まで凄い声を出してさかりを迎えます。人間だってさしてうれしくなくても春になると心が浮き浮きとしてきます。時期はぴったりと合っている。さっそく私はコンドーム屋になることを決めて行動に移すことにしました。

しかし、自分がコンドームの販売をすることに抵抗感があったのも事実です。学校では先生方に「職業には貴賤《きせん》はない」と教えられましたが、それが建て前に過ぎないことは、実社会に出れば誰もが感じることではないでしょうか。女衒《ぜげん》のような職を尊いと思う方がいないように、コンドーム屋も当時の風潮では賤に属す職業だと見られていたと思います。

一方、貴の職業というのはどういうものでしょうか？　議員や医者、弁護士などは周囲から敬われていました。学校の先生も聖職者と呼ばれ、尊敬されていました。それが現代では先生のハレンチな犯罪がニュースで流れることに驚かなくなり、議員たちの不祥事にも事欠きません。何が貴であり賤であるのか、線引きが非常に曖昧《あいまい》になっています。まあ、線引きなどないほうがいいのは言うまでもありません。

「コンドームを売ってくれませんか？」

大阪市内の問屋を何軒もまわりました。1円でも安い仕入れをしなければ儲けが減りますので必死でした。元手は鉄屑屋稼業でコツコツと貯めた貯金です。大量に仕入れれば仕入れの単価が下がるということもこのとき覚えたのですが、まずは様子見ということで、3万円分ほど軍資金を投入し国民薬局というところからコンドームを仕入れました。当時の卸の値段は1箱（12個入り）が280円で、それを自転車の荷台に載せて訪問販売をすることにしたのです。

コンドームの訪問販売

買うほうが恥ずかしいのと同じように、売るほうも恥ずかしいのですから、自分のことを知られていない地域まで、荷台にコンドームの箱を載せて自転車を漕いで行くことにしました。当然のことながら家族にも一切言わず、唯一相談したのがグッチ先輩です。

「ほう、いいところに目をつけたじゃないか。もしかするとこれは化けるかもしれないぞ。ただ、大変な仕事だと思うが頑張れるか？」

鉄屑屋の事務所の椅子に腰かけたグッチ先輩は微笑んでくれました。なによりも先輩の言葉は私に勇気を与えてくれました。勝算は我にあり、と私は儲けのことで頭がいっぱいになっていたのです。

ですから、そこそこは売れるだろうと自信もありましたが、こればかりはやってみないとわかりません。まずは海岸沿いの和歌山南部の漁村に目を付けました。リアス式海岸で湾が入り組んでいる風光明媚な南紀の海岸線には、漁師の集落が点々としています。

私の仕事初日を祝うかのように桜の花が咲き、道端には黄色い菜の花も咲いています。頬を撫でる風は優しく、自転車を漕ぐペダルも軽やかでした。

当時の街頭販売と言えば金魚屋とか飴屋、紙芝居屋などがありまして、リヤカーの脇に括《くく》られた幟《のぼり》が風に揺らめいていたものです。

「金魚エ〜、金魚」

町中に流れる朗々とした声音は、今も記憶に残っています。とはいえ、

「コンドーム、コンドーム、いかがですかぁ〜」

などと、金魚屋と同じように声を張り上げるわけにはいきません。

コンドーム屋はいくら大きな声を出しても逆効果になるだけで、自分のクビを絞めるようなものですから一軒ずつ丁寧に売り歩かなければなりません。

た。

「こんにちは、ごめんください」

瓦葺《かわらぶ》きの比較的大きな家の玄関で、周囲の目を気にしながら小さな声を出しました。

まずはコンドームを買ってくれるお金のありそうな家を狙うことにしたのです。私の胸は高鳴り、吐き気を催すほどの緊張感に包まれておりました。

「なんですか？」

玄関に出てきたのはモンペを穿《は》いた40代前半くらいの女性。顔が四角く、目が細かったことまではっきりと覚えています。

「コンドーム屋ですが、要りませんか？」

「はぁ？」

小さな声だったので、聞き取れなかったようです。あまり大きな声を出すのも恥ずかしいので、少しだけ声を大きくしました。

「あのぉ〜、避妊具のコンドームですけれど……」

「はぁ、コンドームだぁ？　そんなもん要らん」

顔を少し赤らめた彼女は、怒ったように言い放ちました。

「無闇に子供ができたら大変でしょう。製品は上等ですから、ぜひとも使っていただけませんか？」

何度も頭を下げました。

「てめえ、なんなんだ」

すると奥からドスのきいた低い声がして、潮で赤銅色に日焼けしたひげ面の大きな男が顔を出しました。まるで赤鬼のような形相の男は旦那さんだったのでしょう。

「こらぁ、早う帰れ、帰れ」

捕まったら何をされるかわからないので、恐怖で震える足を無理やりに動かして道端に止めてあった自転車に飛び乗って逃げました。

一体何が悪かったんだろう？　言葉遣いも丁寧にしたつもりなのにあんな対応はないだろうと思いながら、今度は隣の集落に向かってペダルを漕ぎました。

「こんにちは」

再び浜の近くにある大きめの民家を狙いました。庭には伊勢エビ漁にでも使っているのか、目の細かい赤っぽい網が広げられています。

漁師というのはきつい労働で、夜が明ける前に浜から船を出し、漁をして市場に魚を納めればお仕舞いというわけではありません。破れた網の修繕をしなければなりませんし、船の修理をすることもあると漁師の従兄弟から聞いておりました。

「どなたですか？」

今度は30代後半の女性が、手ぬぐいを姉さん被りにして出てきました。物腰も柔らかく、言葉遣いも丁寧です。ところが、私が土間に上がってコンドームのことを喋りだした途端、彼女の目が吊り上がったのです。

「帰れ、このアホんだらが」

般若のような形相になって土間に置いてあった壺から塩を撒かれてしまいました。再び私は脱兎《だっと》の如く逃げなければなりませんでした。不審者を知らせる集落の半鐘が鳴らされなかったからよかったようなものの、初日のコンドーム販売は大失敗でした。

なんとか気を取り直して、それから3日間売り歩いたにもかかわらず、なんと売り上げは皆無だったのです。

見栄を捨てろ

あれほど希望をもって出かけていったのに一個たりとも売れなかったことと、怒鳴られたうえに蔑まれたことに私はかなり凹《へこ》んで心が折れました。

失意のまま田辺に戻った私は、鉄屑屋のグッチ先輩の事務所に顔を出しました。

「悲惨なものでした」

先輩はケラケラと笑いながら耳を傾けています。

「先輩、笑いごとじゃなくて必死なんですから」

先輩からすると、私が真面目に話せば話すほど笑いたくなるのも、今となっては理解ができます。

「しかし、お前は売れなくとも頑張って家を訪ねたんだから偉いよ」

先輩に褒めてもらえるのは嬉しかったですけれど、売れなければしょうがありません。

「どうしたらいいですかねえ？」

私は縋《すが》るような眼差しを先輩に向けました。

「あのな、漁師のところに行くのはやめたほうがいい」

腕組みを解いた先輩は茶碗を口に運びながら、そうアドバイスしてくれました。

「漁師はダメですか？」

「そうだ。漁師は気性が荒いから、お前のチンタラとした話を聞いているうちに腹を立ててしまう。それに早朝から仕事をしているから、お前が訪ねていった昼過ぎはちょうど休んでいる時間だろ。休んでいるときにごちゃごちゃと言われたら腹が立つもんや。余程タイミングが合わなければ売れないだろうし、タイミングを読んで売りにいくというのも面倒臭いやろ」

「ええ、そうですね」

「いいか、御殿のような大きな家を狙うことはないんや」

「なぜですか？　お金持ちのほうがコンドームを買ってくれるじゃないですか」

私は初日から3日間、わざわざ大きな家を狙って訪問していました。

「そんな単純なことじゃないぞ。あのな、お金持ちの家は子供がたくさんできてもたいして困りはしないやろ。コンドームなんて要らないと思っているかもしれない」

なるほど、そんなふうには考えていませんでした。

「コンドームが必要なのは、貧乏人の子だくさんの家庭だ」

「だけど買ってくれますかね」

お金がなければ購入してくれません。

「そりゃあ、今にも崩れそうな家を狙う必要はないけれど、普通の家でいいんじゃないかな。それでな、農家を狙え」

「はあ？　農家ですか？」

「農家は漁師ほど気性が荒くないから、耳を傾けてもらえる確率は上がると思う。そして、まずは集落の端にある農家を狙うんや。コンドームを買ったということすら隠したがるのが人情だから、売り込みの声が他の家に聞かれないような農家を探して訪ねていけ」

私は大きく頷きました。

「それとだ。お前は客の前でできるだけ明るく振る舞ったほうがいい。客が薬屋にコンドームを買いに行かないのは、恥ずかしいということもあるだろうが、購入する行為に疚《やま》しさがあるからだ。それを払拭《ふっしょく》しなければいけない。葬儀の喪主のような重々しい口上をしたってしょうがないんだから」

「わかりました。ありがとうございます」

「ちょっと待て」

喜んで腰を上げようとした私を先輩は引き留めて、さらに細々《こまごま》としたアドバイスをしてくれました。

先輩のアドバイスを受けた私は、言われたように農家が集まっている集落に向かいました。狙い目は集落から少し離れた一軒家の農家です。白い蝶々がひらひらと飛んで、忙しそうにミツバチが菜の花を飛び回っています。

まるで桃源郷のような長閑《のどか》な風景ですが、それを愛《め》でる心の余裕などありません。

前日まで失敗の連続で、喉はからからに渇いて随分と緊張していたことを覚えています。

「こんにちは、どなたかいらっしゃいますか？」

インターホンや呼び鈴もない時代ですので、カギのかかっていない薄暗い玄関を開け、土間に立って大きな声を出しました。すると手ぬぐいを被った奥さんが奥から出てきました。大雑把な顔だちの奥さんは、私を見ても警戒心は抱いていないようでした。

当時の私は20代前半の若造で、訪ねた先の奥さんのほとんどが30歳以上のベテラン主婦でしたから、彼女たちから見れば、私は弟のような存在だったはずです。これが結果的に良かったのかもしれません。私は体も大きくなく華奢《きゃしゃ》ですから、襲われる心配もないと思ったでしょうし、童顔だったので奥さん方に警戒心を抱かせない効果があったように思います。もっとも、襲いたくなるような奥さんなど、砂漠で針を探すような確率でしか出会わないことは、おいおいわかるようになりましたが……。

「こんにちは、コンドーム屋でございます」

内心はびくびくしていたのですが、それを悟られないように明るい表情で声をかけました。自分は虫ケラなんだ。虫ケラが人間の言葉を喋ってモノを買ってもらうのだ。そんな気持ちにならなければコンドーム屋になれないとグッチ先輩が教えてくれました。見栄や矜持《きょうじ》といったものをすべて捨て去らなければ商売は上手くいかないのだ、ということも先輩のアドバイスでした。

「品質は保証しますし、これを使えば子だくさんに悩むこともありません。どうですか、家族計画が必要な時代ですよ」

葬式の喪主のような厳《おごそ》かな喋り方はやめて、結婚式の主賓のような甲高い明るい声を出しました。奥さんは黙って頷いています。

「いくらなの？」

こちらが驚くほど、あっさりと購入してくれるではありませんか。その嬉しさを隠してつとめて事務的に言いました。

「１２００円です」

初めてお金を受け取ったときは、天にも昇るような気持ちでした。

営業力を磨く

仕入れが２８０円で、売値が１２００円。当時の物価水準は大卒男子の初任給が月に１万５０００円程度でしたから、コンドーム一箱で出る利益は莫大です。ただ、農家作戦がいつもうまくいくわけではありませんでした。

「馬鹿言うな。二度と顔を見せるな」

怒りの形相の奥さんに塩を撒かれたことは何度もあります。しかし、日が経つにつれ、罵詈雑言《ばりぞうごん》を浴びてもそれを心に留めない感覚を持つことができるようになりました。断られたら次の家に行けばいいじゃないかと考えれば気が楽になります。固執して頑張って説得しなくても、他に訪問する家は多数あると思えば楽なのです。要は気持ちの持ちようです。

塩を撒かれても、(相撲と一緒じゃないか)と思えば、たいして気にもなりません。

「やはり家族計画は大事ですから避妊具は必要ですよ。病気の予防にもなりますし」

「ウチの亭主が病気だと言うのか」

「そうではありませんけど……」

怒っている方に反論して、理路整然とコンドームの必要性を説くことは時間の無駄であるばかりか、火に油を注ぐ効果しかないことも学びました。

「申し訳ありませんでした」

謝って退出すればいいんです。しかし、それだけでは断られ続けてしまいます。相手が買おうか買うまいか迷っている表情になった瞬間を見逃してはいけません。

「このまま売れないで帰ると親方から怒られるんです。なんとか買ってもらえませんでしょうか？」

涙ながらの訴えができるほど、私の営業力も上がってきました。これも先輩のアドバイスのお蔭です。

「いいか、お前はどこかのコンドーム販売会社の社員ということにすればいい」

「どうしてですか？　オレは小さいながらも一国一城の主ですよ」

先輩に食ってかかったことを思い出します。

「だからお前は頭が硬いんだ。お客さんにとってお前が経営者だろうが使用人だろうが、そんなことは関係ない。むしろ、お前が上司からこき使われてノルマを達成しなければ怒られるということにすれば、客は本当は欲しかったコンドームを、同情するふりをして買うことができるじゃないか」

先輩のアドバイスは貴重なもので、親方にこき使われている若輩の可哀想な男を忠実に演じられるようになりました。

「このまま売れないで帰ると殴られてしまいます。どうか人助けと思って買ってくれませんか」

尾びれも背びれも胸びれも、どんどん付けて悲劇の主人公を演じたのです。

「じゃあ、買うわよ」

計算通りです。奥さんは仕方ないというような表情を浮かべながら、財布を開いてくれます。照れ隠しの面もあったのかもしれません。

そんなこんなで商売は順調に進んでいきました。しかも、この商売にはとんだ余禄がついてきたのです。

実演販売もやります

コンドーム屋になって半月ほど過ぎたころ、奈良県南部の田舎町を回っていた私は山裾の農家に向かいました。

「どうも、コンドーム屋でございます」

もうおどおどすることもなく、すらすらと言葉が出るようになっています。奥から出てきたのはモンペ姿の中年の奥さんです。色黒で二の腕が太く、典型的な農家の嫁でした。

「コンドームは要りませんか？　品質は保証します」

私の手のひらに載せていたコンドームを、奥さんはしげしげと眺めます。

「ウチの主人のモノは使い物にならないから要らないわよ」

クスクスと奥さんが笑います。そこで引き下がったら商売にはなりません。

「そんなことはないでしょう。こんな魅力的な奥様を前にしたら、誰もが奮い立ちますよ」

とにかく客を褒めまくるのは商売の鉄則でして、自分の思っていることは飲み込んで、反射的に褒め言葉が口をついて出ます。慣れとは恐ろしいものです。

「あのですね。とっておきの使い方があるんです。まず1枚は普通に使ってもらいます。そして、もう1枚は被せるのではなく、勃起したモノに巻き付けて軽く縛るんです。するとモノが硬くなって、長く続けられます」

私の力説を黙って聞いていた奥さんでしたが、どうも様子が変です。私の顔を見つめて、なにやら考え込んでいる様子でした。そして――。

「あの……、教えてくれるかな」

恥ずかしそうに、エラの張った頰を緩めるではありませんか。

「私が、ですか？」

「そうよ、さあ」

先ほど見せた羞恥の仕草はどこへやら、奥さんは私の腕を摑み、家の中に引きずり込みます。警官に連行される犯人の気分です。

「旦那さんは大丈夫ですか」

「うん、今朝早くに大阪に用事があるって出かけていったから」

「そうですか……」

「さあ、早く来て」

そう言われても、目の前の奥さんは神社の狛犬《こまいぬ》のような容貌で、とても私の好みではありませんし、当時の私からするとかなりの年配です。

しかし、商売とあれば断るわけにはいきません。元来エッチが大好きですし、わがままを言っている場合ではありません。

腕を掴まれたまま、おずおずと廊下を進んでいきます。タンスがある奥の和室に布団を敷いた奥さんは、さっさとかすりのモンペを脱ぎました。まだまだ明るい時間ですが、カーテンが閉められた薄暗い部屋で、ねっとりとした視線が私に注がれたのです。

奥さんも溜まっていたのでしょう。現代のようにホストクラブがある時代ではなく、20代の男とエッチすること自体、魅力的だったのかもしれません。

奥さんは濡れタオルで私のアソコを拭くと、仰向けになって両足を広げました。完全に臨戦態勢が整っているのを見て覚悟を決めます。商品のコンドームをはめると、突撃作戦敢行です。

頭の中では突撃ラッパが鳴り響いています。目をつぶって若い女の子とエッチしているところを想像します。相手を悦ばせないと商売にも差し支えるわけですから、手を抜くわけにはいきません。若さにまかせて、闇雲に突撃あるのみでした。今もそうですけれど、私はテクニシャンでもなんでもありません。

女性の場合は、たとえ男性が好みのタイプでなくてもローションを塗ったりすれば、一応エッチすることはできます。ところが、男性の場合はそうはいきません。やはり最低勃起しなければ勝負のスタートラインに立つことができないのです。他の方がどうかはわかりませんが、私の場合、相手が獅子であろうが般若であろうが狛犬であろうが、お金のためだと割り切れば、勃たずに困るということはありませんでした。

太平洋でゴボウを洗っている感覚と言いましょうか、底なし沼を探険しているようなエッチでしたが、奥さんの荒い鼻息が続いて、無事に大役を果たすことができました。

もちろん、その場で商品購入を決めていただいたのは言うまでもありません。

女の性欲は底なし沼

不思議なもので、実演販売は日が経つうちに増えていきました。

これは私に余裕が生まれ、リラックスした姿で奥さん方に接するようになったからだと思います。私としては実演販売など時間がもったいないのですが、長い目で見れば贔屓《ひいき》のお客さんになってくださる可能性もあるので、無下《むげ》に断ることはできません。

「こんなに薄くて破れないのかね」

和歌山の農家でカバのように目が離れた大柄な奥さんに商品説明をしていたときのことです。奥さんはクビを傾げながら、サンプルのコンドームを手で伸ばしたりしています。

「もちろん、品質には自信がありますから」

微笑みながら明るく答えました。

試してみますか、と言いたいところですが、この奥さんもできるなら一戦交えず平和に事を進めたくなるような容貌でした。しかし、事態が自分の思っているのとは正反対に展開することはよくあるもので、手を引かれて家の中に入っていくことになったのです。例によって若い娘とのエッチを頭の中で想像し、なんとか終了しました。

「今後もご贔屓にお願いいたします」

臨月のように大きなお腹を上下させている奥さんに挨拶して、服を着た私が部屋から出ようとしたときでした。

「ちょっと待ちなさいよ。もう1箱買うから」

後ろ襟を摑まれて再び布団に引きずり込まれてしまったのです。まさかの2回戦開始です。ご贔屓さんに粗相があってはいけません。実演販売というのはこれほど大変なことでした。


女の性欲というものが底なし沼であるということを、私はこの商売でつくづくと知らされました。

製品の説明を聞いている様子で、相手が実演を求めているのかどうかもわかるようになっていきました。やはり30代から40代の女性が、もっとも性に貪欲なようでした。

ガマガエルの金歯さんもそうでした。目が離れて大作りの顔と褐色の肌はガマガエルのようですが、にこっと笑うと前歯2本に見事な金歯が光っています。

「じゃあ、買う前に品物がいいかどうか確かめさせて」

漫画『サザエさん』のようなパーマ髪の金歯さんは、真昼間にもかかわらず私の手をぐいぐいと引っ張って、家の奥に連れていきます。ベテランの奥様の右手が私の息子を巧みに愛撫するものですから、まだ若かった私は条件反射をしてしまう始末でありました。

少し話題は逸れますが、30年ほど前までは年配の皆さんが笑うと金歯や銀歯がキラリと光ったものです。それが当たり前でしたが、歯科技術の進歩なのか金歯の方を見ることも少なくなりました。

「歯・目・マラ」と昔から言われていまして、これは歳を取るに従って衰えやすいところを指しています。私も歯の治療には随分と時間とお金をかけています。幸いなことに入れ歯の世話にはならず、前歯はインプラントにしております。少々お値段は高いですけれど、やはり歯というのは健康に欠かせないものですから、朝晩の手入れを怠らないようにしております。

この当時、私は多いときで月に20万円ほどの利益を得ており、コンドームの訪問販売は私が想像した以上に儲かることがわかりました。

こんなことが耳に入れば絶対に後追いする者が出てくるはずです。マーケットを荒らされては利益が飛んでいってしまいますから、グッチ先輩にも利益のことは少なめに報告し、先輩以外には自分の仕事の内容すら内緒にしておりました。

あの目ざとい関口は、私が鉄屑拾いから足を洗った理由を詮索《せんさく》し、居酒屋で何度も聞いてきました。

「鉄屑拾いはやめたんやな」

「ええ、実家の酒屋の商売を助けていて、販路を広げるために奈良や三重にも足を運んでいるんです」

もし、コンドーム屋がこれほど儲かることを知れば、関口も同じことをやるだろうと確信しておりましたので、たっぷりと煙幕を張ってグッチ先輩にも口外しないようにお願いしていました。

私は実家の近所に倉庫兼事務所を借りて、在庫をドッサリと溜め込み、電話もつけました。注文があったらすぐに届ける態勢を整え、のちにはまだ高価だった留守番電話の機械も購入したのです。

誰かを雇ってもっと販路を拡大しようかとも考えましたが、雇った者にノウハウを知られ、独立されたらライバルになるかもしれません。慎重な性格と言えば聞こえはいいでしょうが、このあたりは私の小心さゆえのものです。やはり、この仕事は一人でやるしかない。心にそう決め、私は販路の拡大を目論みました。

私が自転車や鉄道を使って走り回っていたのは和歌山、奈良、三重の3県の南部でした。販路が広がるにしたがい、自転車でちんたらと行商しているのでは間に合わなくなってきました。すでに自動車、当時はオート三輪が流行っていましたので、それを購入しようかとも考えました。しかし、免許もないし、取得するための時間ももったいない。それに、現在のようにほとんどの道路が舗装されているわけではなく、区画整理が進んでいないために車が入れないような細い道路も多くありました。

そこで私はホンダのスーパーカブを購入することにしました。若い世代の方は信じられないでしょうが、当時は必要書類に記入さえすれば、無試験で原付きの免許が取得できました。カブの購入は大正解で、各県のポイントごとに木賃宿と契約して出張しながら訪問販売を続けたのです。

フリーセックス時代の到来

時代が70年代に入り、アメリカからヒッピー文化とフリーセックスが伝わってきたのも商売にとっては追い風になりました。後ろ暗いものだった日本人のセックス観に革命が起きたのです。

創刊されたばかりの男性週刊誌では、ヌード写真が掲載されてセックス特集が組まれるようになりました。セックスの話題を口にすることへの人々の抵抗感は薄れていき、テレビでもお色気番組が高視聴率を取るようになったのです。

ペリーの浦賀来航が、日本の鎖国が終焉を迎えるきっかけになったように、このフリーセックスというのは日本の性生活に大変革をもたらしたような気がします。

好き同士であれば（時には、好きでなくとも）セックスをするということに違和感がなくなっていきました。となれば、コンドームの消費量も右肩上がりになるのは自明の理であり、私が持っていたコンドームは仕入れたそばから羽が生えたように売れていきました。

高度経済成長に伴い、農家の主人たちが工場などで勤めはじめ、サラリーマン化するようになったのも、予想外の効果をもたらしました。昼に家にいるのは奥さんだけという家庭が多くなり、畑仕事が終わって学校から子供が帰ってくるまで、農家の奥さんたちが暇を持て余すようになったのです。話を聞いてもらえる確率も、実演販売の回数も格段に増え、それに比例して売り上げも伸びました。

庭先に干してある洗濯物を見れば、その家の家族構成は大体わかります。

なるべくエッチの回数が多そうな若い世帯を狙うのが効果的であることも勉強しました。スーツ姿で農村を歩き回るのは愚の骨頂であるというのも、この間《かん》学んだことです。だいたい、田舎でスーツにネクタイ姿の人間というのは、役所の方以外、いかがわしい不動産屋とか株に投資させようと腹に一物、背中に荷物を背負った輩《やから》と決まっています。

自称コンドーム屋の従業員の私は、そのへんのことをわきまえてカーキ色の作業服を着ることにしたのです。これだと住民たちに警戒される心配はありません。

資本家は嘘をつく

コンドーム販売をするのに、早朝から出かける必要はありません。農作業は大体午前中ですから、それが終わったころに訪問するのが理に適《かな》っています。朝の農作業を終え、出荷を済ませて、昼ごはんを食べ終えたあたりが絶好の訪問販売時間になります。相手はごはんを食べて昼寝でもしようかと気分がリラックスしており、聞く耳を持ってくれるので商売がやりやすいのです。

商売は成果が大事なので、早朝から汗水垂らして足を棒のようにして歩き回ることは、一所懸命働いている、という自己満足にすぎません。

下手な鉄砲は何千発、何万発撃っても当たらないのです。魚がいない海にせっせとコマセを撒いていても絶対に釣れることがない。それと同じことです。

汗水垂らして頑張ればお天道様は見ていてくれる、とは古くからよく言われることですが、実社会がそんな単純なものではないことくらい、賢明な読者の皆さんは当然理解されていることでしょう。お天道様が地球で暮らす六十数億人の一挙手一投足をすべて見きれるわけがありません。野球でスクイズサインを見落とすように、お天道様も見逃しチョンボをしているはずです。

同じように「不言実行」というようなフレーズも決して信じてはいけません。せっかくの手柄を上司に取られてしまい、悔しい思いをした方は星の数ほどいると思います。これらは経営者側に立った都合のいい標語であると考えるべきなのです。

面と向かってアピールすれば角が立つということで、日本社会はそのような行為をよしとしない風潮があり、「沈黙は金」なんてとんでもない言葉がもてはやされたりしています。

「男は黙ってサッポロビール」のように、ビールぐらいなら黙って飲んでも出世には関係ありませんが、会社員であれば仕事の成果を黙っていても、なんの自慢にもなりません。実績をうまくアピールしていかなければ、出世など絶対にできないと肝に銘じるべきなのです。

ただ、「俺が俺が」の出しゃばり精神は慎まなければなりません。さりげなく成果をアピールするためには根回し、友人関係が大事であります。

もう少し、日本社会の特異性について、持論を述べさせていただきます。

資本主義社会では、労働者よりも圧倒的に資本家のほうが富を蓄積することができます。要するに金が金を生むのですから、資本家が儲かるシステムであることに誰も異論はないと思います。ただ、資本家は自分たちが儲けていることを表沙汰にしたくないのです。

「投資にはリスクがあるから大変だ」

こう言って、資本家は自分たちの立場が盤石ではないことを強調し、労働者側もそれを真に受けて、リスクが高いから労働者のままでいいと考える。

これが日本社会の特異性ではないでしょうか。

リスク云々というのは嘘で、リスクの分散をしていない資本家など、まずいません。国際的に見て、日本の若い世代は起業する者が少ないと指摘されています。日本社会では、起業するリスクに見合うリターンを得にくいと思われているからでしょう。確かに高度経済成長時代の会社は終身雇用制度などがあり、社員はあえてリスクを冒さなくても安定が手に入りました。しかし、失われた20年によってガラガラとその仕組みは崩れてしまい、ブラック企業なる言葉も生まれる始末です。「その他大勢」の人々は一部の資本家にずっと搾取され続けるのです。

これは共産主義社会でも同様で、権力側にいる一握りの人間が富を蓄積しています。それは権力者になれば、自分たちの都合のいいように法律を変えることも可能になるからです。

大衆がそれに文句を言っても、権力者には届きません。文句を言った者を牢屋に入れたり、処刑してきたのはソビエトや中国の近代史を振り返ればすぐにわかることです。一時、中国人富裕層の爆買いがニュースになりましたが、富裕層というのは権力者側にいる者です。中国は土地の個人所有を認めておりませんので、富裕層は国有地の使用権を持ち、その土地を又貸ししてしこたま儲けているにすぎません。

「金持ちは偉い」「オレはお前よりも金を持っているからオレの勝ちだ」

中国ではこのような拝金主義が蔓延《まんえん》しているようですが、私は金持ちが偉いと言いたいわけではありません。ただ、金を持っているほうがより富めるというのは、紛れもない真実であることを指摘したいのです。

「金持ちケンカせず」というのも当たり前のことであります。

ここで言うケンカとは殴り合いのような切った張ったのことでして、金持ちだってウン十億円も利益が挙がる利権の前では死人が出るほどの抗争を繰り広げている場合もありますが、それは稀なことです。繰り返しますが、日本人は資本家にも投資のリスクがあると考える方が多いようですけれど、それはお人よしの日本庶民の考え方で、資本家になったほうがこの社会では金が貯まる確率が確実に高くなるのです。

お金があれば余裕が生まれます。「貧すれば鈍する」とは昔から言われておりますが、けだし名言であります。

貧乏であれば目先の問題に対応していかなければなりませんので、友人関係もギスギスとしたものになり、余裕のない人間になってしまうものです。殺人や強盗、傷害事件などの要因の多くには貧しさが関わっている事実を注視しなければなりません。

メディアは事件が起こったときだけ報道して、その原因についての追及がお座なりになっていることが多いのですが、貧しさによる犯罪というのは一般の方が思っているよりも随分と多いのです。

「天災だって、被災する確率が高いのは貧困者たちです。阪神・淡路大震災で倒壊した家の多くは築何十年も経った古い民家でした。重い瓦葺きの屋根が崩れて下敷きになった方も多かった。断層の上の建物は新築であっても破壊されることはあったけれど、その他の地域で破壊されていたのは土壁で瓦屋根の古い家でした。ただ、貧富のことが被害に影響するとは大きな声で言えなかったので、メディアは黙殺していたのです」

知人のベテラン新聞記者から聞いた話ですが、私は正にその通りだと思いました。

東日本大震災でも津波の被害が大きかった三陸地方は、高台の土地が少なくて高価なので、庶民は浜の近くに家を建てていた。だから被害も大きくなったと聞きました。また、原発事故で避難した被災地のお金持ちの中には、小さな子供を九州などの西日本に住まわせているという例もあるそうですが、これもお金がなければそう簡単にできることではありません。

政府は借り上げ住宅などの補助をしていると言い張るでしょうが、お上の言うことを真に受けていたら上手くいかないと思ったほうがいいのです。為政者というのは古来、庶民を「生かさず殺さず」して税を徴収しており、これが今も綿々と続いているだけです。

「川の傍や崖の下には家を建てるものではない。そこの土地が安いのはそれだけリスクがあるからだ」

こんなことは先人の教えとして日本では常識でした。年配の方や地域の古老はそのことをよく知って教えを守っています。

木賃宿の生活

スーパーカブの荷台にコンドームを載せて、3県を走りまわる生活は相変わらずでしたが、先ほど少し触れたように、販路拡大のため、営業方法を変えることにしました。

これまでは田辺の自宅から出掛けていたのですが、いちいち自宅に戻るのは時間のロスが大きいため、拠点ごとに宿を決めて売り歩くことにしたのです。

現在と違い、ビジネスホテルのような便利なものは少ない時代で、地方に行けば行商客や建設関係の客を目当てにした木賃宿しかありません。築50年なのか60年なのかわかりませんが、廃屋寸前のような木賃宿が当時は幅をきかせていたのです。

四畳半の部屋を襖《ふすま》で仕切っただけで、隣の客の声や睦言《むつごと》まで聞こえてくるようなところもありました。プライバシーなど望むべくもありません。そこに煎餅布団とデコラのテーブル、運が良ければ白黒テレビが置いてあります。

木賃宿の朝は早く、周囲の部屋の喋り声が筒抜けになりますので、否応なしに私も起きることになります。それから散歩をしたり、新聞を読んだりしてから10時ごろに朝昼兼用の食事を摂って仕事に出かけ、日が暮れた夕方には木賃宿に戻る日々を送っていました。

なじみになった木賃宿のおかみさんは、私が昼前まで出かけないのでどんな商売をしているのか興味津々でした。小さな食堂で一人だけの食事を摂りながら、私は業務内容をちらりと説明しました。

「ありゃま、そんなのを売っているの？　大変でしょ」

何度か宿泊していた三重県某市の木賃宿で、50代後半のおかみさんは仕事の内容を聞いただけで同情してくれました。

「そうなんです。一軒一軒歩きまわるのですが、売れないと親方から殴られますんでね。そんなに売れるわけがないのに……」

「まあ……」

おかみさんは、まるで『女工哀史』の男版でも見たかのように、あれこれ想像したのか、涙目になっています。

「会社では棍棒を持った親方が仁王のように突っ立っていましてね。早くこの仕事から足を洗いたいのですけど」

売れ行きがいいとは口が裂けても言いません。木賃宿というのは宿泊客から膨大な情報が入ってきます。いろいろな職種の宿泊客がいますから、私が儲かっているなんて口を滑らせればアッという間に知れ渡ってしまい、新規参入者がたちまち増えることでしょう。

誰にも気づかれることなくコッソリと儲ける。あの大声でにぎやかな中国人だって儲け話になると声を潜めるものです。

「おかみさん、ちょっと待っていてくださいね」

食事が終わった私は2階の部屋に戻って、荷物の中からコンドームを2箱持ってきました。

「これは、ほんのささやかなプレゼントです」

「そんなの、もう要らないわよ」

乙女のように顔を染めたおかみさんが小さな声で呟きます。そこで「そうですね、要らないと思いますけど」などと言ってはいけません。

「まだまだお若いですよ。もし、自分が要らなくても知り合いに配れば喜ばれますよ」

その後、ここでの朝晩のおかずが増えたのは当然のことでした。

とにかく褒めまくれ

雨にも風にも、罵詈雑言にも負けずに売り歩いた結果、順調に売り上げは伸び、ご贔屓さんの数も増え、留守番電話に注文が入る回数も増えてきました。その中には私とアバンチュールを楽しんだ奥様からの依頼も入っています。

「○月○日の何時ごろに来てください。待っています」

文末にハートのマークこそついていませんが、携帯やメールがなかった時代の留守番電話は非常に重宝なものでありました。私はマメですので、留守番電話にメッセージを残された方には必ず折り返し電話することを肝に銘じていました。たとえそれが苦痛の実演販売を伴っていたとしても、逃げてはなりません。

訪問販売の狙い目は相変わらず人里離れた農家ですが、適当な農家が見つからない場合もあります。

江戸時代には庄屋だったのではなかろうかと思うような瓦葺きの大きな屋敷を訪ねたのは、その日が売れ行き順調で、心に余裕があったからなのかもしれません。

大きな玄関で声を出すと、奥からモンペを穿いた40代半ばくらいの奥さんが現れました。

「こんにちは、これは凄く立派なお宅ですね。総檜《そうひのき》ですか」

檜の廊下がピカピカに光り輝いているので感嘆の声をあげました。前にも述べたように目にしたものをなんでもかんでも褒めるのは訪問販売の鉄則です。

「いやあ、ここは桃源郷のように景色がいいですね」

「空気が甘いし、こんなところで暮らせるなんて羨ましいですね」

何もなくても褒めまくるのです。

「なかなか可愛い声ですね」

玄関で吠えまくっている柴犬をいまいましいと思いながら、その鳴き声まで褒めるのは経験の為せる業です。ですから、家のことを褒めるなんぞは初級ランクなのであります。

「そんなたいしたことないですよ」

謙遜しながらも奥さんは満更でもないような表情をしています。きっとお金持ちの家だと思いましたが、小太りで骨格がしっかりとしている奥さんは典型的な農家の嫁です。農作業を続けていると陽に焼けますので肌は黒ずんできますし、顔に深い溝のような皺が増えてくるのは致し方ないのかもしれません。

色白、華奢で憂いがあるような農家の奥さんなど、官能小説でしかお目にかかりません。

褒め言葉を一時ストップさせて私は営業を始めました。眠っているような細い目で奥さんは黙って聞いていましたが、そのうちに眠気が覚めたのか目に光が宿ってきました。そうです。鈍感な私でもそれが実演販売を求められているサインであることに気がつきました。

いささかうんざりとしていましたが、そんなことをおくびにも出してはいけません。故意のサイン見逃しはご法度《はっと》でして、金を稼ぐというのは簡単なものではないのです。このころは私もかなり度胸が据わっておりましたから、事に及ぶ前に体をキレイにしたいという要望を口にすることができました。

と言いますのも、お相手の奥様方が全員清潔というわけではありません。思い出すのは奈良県南部の某町の農家のことです。商品説明をした後で、この奥さんも実演販売を希望しました。何度も言いますが、肩幅のがっしりとした農家の奥さんでありました。読者の中には私を羨ましいと思っている方がおられるかもしれませんが、やってみたら大変さがわかるはずです。

玄関を上がり奥さんの脇に立ったとき、異臭を感じました。アレッ、何かが腐っているのかな？　と思いましたが玄関に生ゴミがあるわけでもありません。奥さんに近づくとその臭いは奥さんから発せられていることがわかりました。異臭の原因は奥さんの腋臭《わきが》。本人は気がついていないでしょうが、八丈島名産のくさやを脇に挟んだような臭いに閉口してしまいました。

現代では、朝シャンや毎晩のように風呂に入るのは常識になっておりますが、60年代においてそれは大金持ち以外には無理なことでした。蛇口を捻《ひね》ればお湯が出てくる時代の前のことで、湯を沸かすには竈《かまど》に柴や材木をくべて燃やすと決まっていました。それは子供の仕事であり、新聞紙を丸めて小枝に火をつけ、火が大きくなると薪、そして材木と、竈にくべる順序を守らなければなかなか火はつきません。私の世代は誰もが火を起こすことができると思いますが、現代ではマッチを擦《す》ることすら経験したことがない子供がいるというのですから、信じられません。

話が逸れました。

ともかく、いくら商売とはいえ、あまりに体臭がきつく、そういう気持ちになれません。

「ボクの体が汚いので風呂を使わせてください」

相手を傷つけないように申し出ました。

「そんなこと気にしないから、早く来なさいよ」

気がはやっている奥さんは、すぐにでも私の手を取って奥の部屋に連れ込もうとします。しかし、気にするのは私でありまして、奥さんではありません。手を振り切ってお風呂場に案内してもらいました。当時このあたりのお風呂はほとんどが底に簀《す》の子《こ》を敷いて入る五右衛門風呂でした。

「奥さん、お先にどうぞ」

昼間ですからお湯は張っていませんが、夏だったので順番に水風呂を使い、なんとか実演販売にこぎ着けたものです。

実演販売中に、旦那さんに見つかりそうになったこともあります。

たまたま立ち寄った庄屋の奥さんは、私の話を熱心に聞き、いつものように「では、実演を」という流れになりました。夏の暑い盛りの出来事で、実演の前に風呂場で水を浴びているときでした。

「おーい、母ちゃん。帰ったぞ」

母屋のほうで、低くて太い声が聞こえました。

「あらぁ、あんた早かったのね。会合は終わったの？」

「ウン、終わったよ」

奥さんとの会話が続いています。頭の中には旦那さんに殴られて半殺しにされている自分が浮かびました。自分から奥さんを誘ったのではないと抗弁したところで、状況が状況ですからそんな言い訳が通じるはずがありません。

さっきまで準備ＯＫのサインを出していた股間もすっかり意気消沈しています。口から心臓が飛び出すような状態で、震える指をなんとか動かして服を着ながら母屋を窺《うかが》いました。私を誘った奥さんも同じように動揺しているかと思いきや、こんな会話が聞こえてきます。

「お父ちゃん、おいしいお饅頭《まんじゅう》があるから一緒に食べよう」

「おお、そうか。じゃあお茶にしようか」

驚きました。奥さんは動揺するどころか、旦那さんと話しながら、笑い声さえ上げています。

女性というのは平気で嘘をつける生き物なのだ……。

大事なことをまた一つ勉強させていただきましたが、長居は無用です。奥さんの見事な演技のおかげもあり、私は匍匐《ほふく》前進でその家を後にしたのでした。

年収がサラリーマンの3倍に

コンドーム屋の商売は順調そのものでした。

一日10ダースの売り上げを自分に課したノルマとしており、訪問できるお宅の数を考えると、10軒に1ダースずつ売ればいい計算です。2ダースとか3ダースを購入してくれる家もありましたから、ノルマ達成はそれほど困難なことではありませんでした。しかも、実演販売がなければ商品の説明時間は10分もあれば済むので、時間的な余裕もありました。

それでも商売というのは難しいもので、一日に1〜2ダースしか売れない日もありましたし、好調な日には一日に5万円以上売り上げる日もありました。1970年当時の平均的サラリーマンの年収はやっと100万円を超えたころで、私は軽くその3倍くらいの金額を稼いでいました。

金が入ってもパッパと使う性格ではありません。夜も木賃宿で夕食を済ませると、近所の酒屋でビールとつまみを買って部屋で飲むような倹《つま》しい生活を日々送っていました。

「幸助さん、ちょっと行きませんか？　駅前のスナックに可愛い娘がいるんだがな」

「いやあ、お誘いは嬉しいのですが、体調がすぐれませんので……」

木賃宿で顔なじみになった行商のおじさんたちに誘われても、断ることにしていました。

「若いのにちょっとぐらいは遊ばないと。溜まったら体に悪いぞ」

苦笑したおじさんたちが宿から出かけるのを見送るのが日課のようになっていたのです。おじさんたちから哀れんだ視線を向けられていた私が、まさか今日も2人の奥さん相手に実演販売をしていたことなど想像もつきますまい。溜まるどころか日々放出しているのですから、私にとって大事なのは明日のために体力を温存することだったのです。

「金を回す」とは？

田辺に帰るたびに私はグッチ先輩のところに顔を出し、居酒屋で飲食を共にすることにしていました。

「多少の金は貯まりましたが、本当のお金持ちになるにはまだまだです」

コンドーム屋で稼いだ金を銀行に預けたとしても、利回りはたいしたことがありません。

「どうしたらいいんですかね」

グッチ先輩には正直に心のうちを話すことができます。先輩はしばし宙を見つめて思案しておりました。

「じゃあ、オレに乗ってみるか？　実はオレ、かなり儲けているんだ。お前が儲けているというなら、その金を運用しないか？」

グッチ先輩から教えられたのはお金の回し方、運用の仕方でした。


「オレが運用してやるから金を預けろ」

こんなことを懇意でもない他の人に言われたら一笑に付すところですが、これまでも親身になって世話をしてくれていたグッチ先輩の言葉です。私は真剣に耳を傾けました。


「月に3分《ぶ》の配当が来るから」

コンドームの訪問販売しか能がなかった私が、このとき初めて金融業の世界に足を踏み入れることになったのです。

金貸しというのは当時社会問題になっており、一家離散とか自殺者を生み出す元凶と蔑まれていました。

また、その世界には組の看板を後ろに背負ったコワイ方々が跳梁跋扈《ちょうりょうばっこ》していると耳にしていたので、まさか自分が金融業に手を出すとは想像もしていませんでした。

「いいか、絶対に連帯保証人になったらいかんからね。それと金貸しに頼ったらあかん」

幼いころから事あるごとに両親から口酸っぱく言われていたこともあり、金貸しに対してはマイナスのイメージばかりです。

大きな材木屋を経営していた近所の金持ちが、連帯保証人になったばかりに多額の借金を背負わされて夜逃げをした例も知っていました。当時、和歌山や三重そして奈良で金持ちと呼ばれていたのは山持ちでありました。住宅建材以外にも薪や炭などを生み出し、山を所有していることは富の象徴として、庶民たちから羨ましがられていたのです。お大尽と称され、未来永劫材木の需要はなくならないと思われていたものです。

ところが、輸入自由化で外国産の安い材木が日本を席巻し、軽鉄骨で住宅が建設されるようになると、需要は極端に減ってしまいました。

この世の中に絶対というものはないと勉強させてもらったのが、身近な材木商の倒産、夜逃げでした。それと同じで今のところコンドーム販売は順調ですけれど未来永劫順調ということはあり得ない。なんとかしなければいけないという気持ちを持っていたのです。

ただ、まさか金貸しとは……。

「先輩ヤバくないですか？　高利貸しになるんでしょ」

貸す側は今後の利率を計算して頬を緩めますが、借り手側はなんだかんだと言い訳を駆使して返さない場合が多々あります。そこでトラブルが起きるわけで、元来争い事は嫌いですし、化け物のようなヤツとケンカする体力も度胸もありません。

小心者の私が恐る恐る訊きますと、先輩はカッカッカと大笑いをしながらビールを大きな口に流し込みました。

「お前の心配はわかる。だけどオレは高利貸しを勧めるつもりはない」

言っている意味がわからずポカンとしている私に、先輩は丁寧に説明してくれました。

「いいか、一般的に高利貸しと呼ばれるのは貸金業法に則《のっと》っていない闇金のことだ。オレは貸金業の免許を持っている知人に出資して、上がりを分けてもらっているんだ。金貸しは面倒な商売だが、金主《きんしゅ》は貸す相手を間違えなければ堅い商いだ」

このとき初めて知ったのが金主という存在でした。

小金持ちの旦那さんたちが、信用できる仲間の金貸しに融資をして利益を受け取るというシステムです。金貸しは最初から莫大な資金を自分で用意するのではなく、こうやって金主を何人か見つけてスポンサーになってもらうやり方があることも、このとき初めて知りました。また、複数の金貸しに出資することで、リスクを分散している金主がいることも理解したのです。

先輩を信用してまずは10万円単位で出資するようになりました。約束通りに月々の配当が支払われてきます。次第に不安は薄らぎ、コンドーム販売で得た利益を注ぎ込みました。金融業でも利益が挙がるようになると、50万、100万、300万、500万、そして1000万円を出資するのに3年も経ちませんでした。その際、グッチ先輩のアドバイスで、貸す先を分散させたのは言うまでもありません。

仮に1000万円を貸したとすると、月に30万円が配当され、3年近くで元金は倍になります。1000万円の元手を確保したことによって、私は先輩の勧めもあって大口の金主さんとも関係を持つことになりました。

手形が不渡りになりそうな会社が、急場しのぎにお金が必要になることがありま す。黒字倒産と言われるやつを避けるためです。健全経営をしていても、取引先からの入金が遅れてしまうのは珍しいことではありません。取引銀行が融資を渋っている間に会社が倒産してしまっては元も子もありません。そんなときには高利貸しであろ

う と手を出すものなのです。

これは貸し手側のリスクも大きいのですが、きちんとその会社の業績を分析する能力がある貸し手だと非常においしい仕事になります。出資した金がわずかひと月後には7分《ぶ》ほどの利ザヤを生んで金主に戻ってくるのです。

元締めとなっている金貸しは1割以上の利益を挙げているでしょうが、金主はそこに首を突っ込むことはありませんし、ご法度になっています。

要は配当さえキチンと払ってくれればいいわけで、なんでもかんでも裏を知ろうとすれば、商売敵になるのではないかと疑われて金主を辞めなければならないリスクが増してきます。元締めの金貸しの儲けが大きいからといって、元締めもハイリスクで商売をしているのですから、知らないフリをするのがこの業界の掟なのです。

株投資の心得

同じころ、株の売買にも手を染めることになりました。

これもグッチ先輩の助言でした。言うまでもありませんが、資産の運用は多岐にしたほうがリスクは分散されます。

株と言っても優良株に投資するだけのことで、一発大穴を当てて儲けようという気はさらさらありません。持ち金の大半は金主として金融業で回していましたから、株で大勝負をすることなどできないし、やる気もありませんでした。

「社長、やはり筋がよろしいですね。社長ほど儲けていらっしゃるお客様は、ボクの担当にはいないんですから。どうです、優良会員の方々だけのいい銘柄がありますが、ドンと儲けませんか？」

　証券会社の担当の高橋クンから何度も電話がかかってきます。コンドーム販売では優良営業マンを自負している私が言うのもなんですが、営業マンは褒めるのが仕事ですから、彼らの褒め言葉を真に受けてはなりません。元手のかからないのが営業マンのスマイルと褒め言葉だと肝に銘じるべきなのです。どこかのハンバーガーショップも、やたらとスマイルを売りにしておりましたが、笑顔と褒め言葉には要注意です。なぜ、株の営業マンはそこまでヨイショするのでしょうか？

　理由は簡単です。証券会社は株の売買手数料で成り立っています。客に売買をさせなければ手数料が入ってきません。私のように優良株を選んで塩漬けにしている客は証券会社にとって旨味がないのです。ですから、口座担当の社員が言葉巧みに株の売買を勧めてくるのは常套《じょうとう》手段であります。

「種銭が少ないからね」

そんなことは百も承知の私は、あっさり彼の勧誘を拒否します。ただ、渋る客の言葉に躊躇してしまうようでは敏腕証券マンにはなれません。

「そんなの大丈夫です。信用取引もありますし」

敏腕証券マンは信用取引を勧めてきます。賢明な読者に説明することもないでしょうが、実際に持っている以上の金を運用する信用取引を、私はお勧めしません。株への投資はギャンブルではないと私は思っています。

株価が5円、10円上がった、下がったと一喜一憂しているのは愚の骨頂でありますす。ＦＸ（外国為替証拠金取引）に熱中している方も、今すぐにやめたほうがいい。あれで儲けるというのは至難の業で、たいていの人は痛い目に遭うと考えたほうがいいのです。

優良株に投資して配当を受け取る。財産の投資リスクを分散させるため、株にも投資しているのだと考えるくらいがちょうどいいのではないでしょうか。

担当の高橋クンは一流大学を卒業後に証券会社に入り、出世頭として誰もが注目している社員でした。大口の顧客を担当して業績を伸ばしているとも、耳にしておりました。確かに自分が薦める会社の業績について、彼の分析能力は高く、知識も豊富で弁舌も爽やかです。

「社長、お願いがあります。Ｋ化学の株を購入していただけませんか？」

事務所に来た高橋クンが珍しく目を吊り上げて懇願しました。東証一部の優良株であるＫ化学が伸びると高橋クンは力説します。私は彼の話を半分も信用しないで黙って聞いておりました。

「社長、この通りです。お願いします」

煮え切らない態度の私を見て、高橋クンは椅子から降りて、床に土下座をしたのです。床に頭を擦《こす》り付《つ》けている高橋クンを見て、私は可笑《おか》しくて笑い声を立ててしまいました。

「キミもピンチなのだろうからここは協力するけど、そんな芝居はやめなさいよ」

冷ややかに言い切りました。高橋クンが証券会社のノルマを達成しようと必死なことはわかっていました。

実は私もコンドーム販売で土下座をしたことがあります。一度経験すると土下座も戦法のひとつだと割り切ることができ、恥ずかしさなんて消えてしまうものです。頭を擦り付けて契約が取れるのなら、土下座することを躊躇しないのは私も同じです。ただし、そう思って土下座すると相手に見破られてしまうことも間々あります。ですから土下座を平気でしてくる人間も信用してはなりません。

ちなみに、幸いなことに高橋クンが推奨してくれたＫ化学の株で火傷《やけど》をすることはありませんでした。

第４章　高度経済成長の波に乗れ

初めての新地

コンドーム販売で業績を挙げ、金主にもなった私がグッチ先輩と大阪に行った際に向かった先は飛田新地でありました。

当時大阪にはトルコ風呂というのはなく（今も大阪にはソープランドはありません。どうしても行きたい方は神戸の福原とか琵琶湖の雄琴に足を運んでいるようです）、風俗の最前線は飛田新地か繁華街のピンサロぐらいのものでした。大正時代に作られた飛田新地は木造の建物が軒を並べ、江戸時代の遊郭のようなたたずまいです。店先にはドレスを着た若い別嬪《べっぴん》の女性が微笑んでいます。それがずらりと並んでいる様はそりゃあ見事なものです。

「お客さん、いい娘がいますさかい、上がっていって〜な」

やり手婆さんが皺だらけの顔をほころばせて客を誘ってきます。客たちはそうした誘い文句を巧みにかわしながら、自分好みの女性を探し、2階に上がって事に及ぶというシステムです。

なんでこんな可愛い娘がいるんだ？　ショーウインドーのように明かりに照らされた座敷には、普段街を歩いていればオトコどもが必ず振り返るほどの別嬪さんが腰掛けています。これは今でも同じようで、飛田新地の別嬪さんの中には、キタの新地の高級クラブのナンバーワンホステスにも引けをとらないほどの上玉がいます。

何度か通りを物色して、目を付けていた娘がいる置屋に向かいました。

「お兄ちゃん、お目が高いなぁ〜。さあ、上がって上がって」

やり手婆さんに褒められて玄関をくぐり、脇の細い階段を上ります。建て前上は料亭ということになっておりまして、お茶とお菓子をお目当ての別嬪さんが運んできます。

ただ、お茶もお菓子も単なるポーズだけ。飛田ではお客は2階の個室で事をする決まりになっているのです。料金は時間によって異なりますが、最短の時間はわずかに15分。ですから、お茶とお菓子で一服して女の子と世間話に興じている時間などありません。「タイム・イズ・マネー」がはっきりとわかる空間です。

「はい、どうぞ」

風呂もシャワー設備もない部屋でズボンを下ろすと、女の子がおしぼりを使って清め、コンドームを被せてくれます。それからふたつ折りにした座布団を頭にして仰向けになった女性に重なり、喘ぎ声をBGMとして放出するだけです。当然喘ぎ声は演技ですから、興ざめするだけで情緒も何もありません。

しかし、これはこれでいいという考え方があることは理解できました。ただ、何度も言うように自分が口説いてエッチに持ち込まないと嫌な性分の私はこれ以降、飛田に通うことはありませんでした。

ピンサロというのも行ったことはありますが、真っ暗な店内で年齢もわからない女性を相手にするだけで、二度と行きませんでした。私がこういうフーゾクを好まないことは、ここまでお読みいただいた皆さんには、ご理解いただけると思います。

その代わりというわけではありませんが、私が初めて高級クラブに行ったのは大阪の新地でした。地元の田辺のスナックでも飲みましたし、和歌山市の繁華街アロチにも誘われて何度も行ったことがありますが、キタの新地といえば歌謡曲の歌詞にもなっているほどでしたから、当時の私にとっては雲の上のような場所でした。

「幸助、ナベさんに誘われているからちょっと寄っていこうか」

大阪市内で所用を終えた私を誘ってくれたのはグッチ先輩でした。ナベさんというのは大阪で貸金業を営んでいる渡辺さんのことです。

「3日後までになんとか500万円を融通できませんかね」

ひと月ほど前にナベさんからグッチ先輩に緊急連絡が入りました。ナベさんはいつもキチンと配当をしてくれていましたので、私も信用しておりました。

「ナベさんが困っているんだから助けようぜ」

グッチ先輩から頼まれれば、なんとかしなければなりません。

銀行から貯金２５０万円を下ろして、先輩と合わせて急遽《きゅうきょ》５００万円を工面したのです。それを恩に着たナベさんが、新地の高級クラブに私と先輩を誘ってくれたのでした。禿げ頭にでっぷりと太ったナベさんは貫禄があり、顔色も良くいつも冗談を言っている朗らかな方です。

この業界の掟でナベさんがどのようなパイプを使って金貸しをやっているのかを尋ねることはしません。想像するにかなり危ない橋を渡っているだろうとは思っていましたが、私たちの前では微塵もそのようなそぶりを見せない魅力的なオッサンでありました。

すでに私やグッチ先輩は、ナベさんとの間に揺るぎない信頼関係を築いているつもりでしたが、こうしてクラブに招待されるということは自分が認められたような気がして、それは嬉しいものでした。新地という地名は知っておりましたが、あんなにネオンが煌《きら》びやかな通りを見たのも初めてのことです。

「先輩、凄いですねぇ〜」

おのぼりさんのように私は目をきょろきょろとさせておりました。

「あ〜ら、社長さん寄っていってよ」

夜の蝶とはよく言ったもので、胸もとが大きく開いた白や紫のドレスの若いホステスたちが店の前で微笑んでいます。ミナミのスナックにも誘われて行ったことはありましたが、庶民的なミナミと比べてネクタイにスーツ姿の客が多いキタは、ホステスの質も高くてステータスがひとつもふたつも上のような気がしました。

「ナベさん、お久しぶりじゃあないですか」

新地本通りにある「鈴蘭」というお店だったと思います。大きなシャンデリアが下がった店では着物姿の年配のママが、満面の笑みを浮かべて迎えてくれました。ふかふかの絨毯《じゅうたん》に体が沈むようなソファー。王侯貴族になったような気分です。そこはホステスたちが30人以上もいる大箱のクラブで、レベルの高い女の子が揃っていました。私の両側に腰かけたホステスからは高級そうな香水の匂いが漂ってきます。

「さあ、飲んでくださいよ」

初めてのクラブに緊張していることに気づいたのでしょう、ナベさんは年下の私たちに気を遣ってくれます。ホステスは私と同年代か年下の方が多く、色気が滲み出るような妖艶《ようえん》な空間に身を置くと夢心地の気分になりました。

「おい、今夜あたり付き合えよ」

豪快に笑いながらナベさんは、隣に座っていた童顔のわりには胸の大きな美女に口説き文句を投げかけていました。その右手は無造作に彼女のせり出した胸に置かれ、握力のトレーニングをするかのようにニギニギとしています。

ナベさんが露骨にホステスを口説くことにも驚きましたが、それが挨拶代わりだということも知らないウブな私でした。そして、彼女がナベさんの担当ホステスということもわかりました。ナベさんからの売り上げは彼女の成績に反映されることになるのです。

高級クラブのホステスとお店との間にはいろいろな契約形態があるのも知りました。自分の売り上げの何割かを報酬でもらうのが掛《か》け売《う》りです。お客さんの飲み代を担当のホステスが保証する代わりに、報酬は他のホステスよりも割高になっており、これはやり手のベテランホステスに多くいました。優良なお客をたくさん抱えているホステスが、別の店に引き抜かれることがありますが、それはこういう掛け売りホステスの場合です。

また、売り上げに関係なく報酬をもらうホステスもいますし、ヘルプと呼ばれるパートタイマー的なホステスもいます。

高級クラブにハマる

ナベさんは上得意の客ですから、担当ホステスは間違っても粗末な扱いはしません。いや、もしかすると二人は既に深い関係なのかもしれません。そんなことを想像しながら、私とグッチ先輩はナベさんを持ち上げながら脇についたホステスとあたりさわりのない会話をしていました。

店内はスーツ姿の一流企業役員風の客に加え、ノーネクタイで胸元を開けたヤーさん風の客もいます。

「初めまして、真美と申します」

何人かのホステスが代わる代わる席についてくれましたが、白いドレスの真美ちゃんは、まるで映画のスクリーンから飛び出してきたような別嬪さんで、宝塚劇場でラインダンスをしていたとしても驚かないようなスタイルです。

卵型の顔は小さく、鼻筋が通ってお雛様のような小さな口、そしてなにより雨宿りができそうなほどせり出した胸に目が釘付けになってしまいました。

上品な顔だちとワイルドなボディのアンバランスは、モロに私の好みです。失礼ながら、日ごろ接している農家の奥さんとは雲泥の差でありました。

「社長さんはお幾つですか？」

鈴が鳴るような声でした。

「35歳になります」

慣れないブランデーでいい気分になった私は鼻の下を伸ばしていました。

「まあ、お若いのに立派ですわね」

「そ、そんなことないですって」

何が立派なのかわかりませんが、貫禄がないことぐらい自覚している私でも雰囲気に吞まれてしどろもどろになります。

「どんな仕事をしているのですか？」

「うん？　金融関係ですよ」

まさかコンドームの訪問販売をしているとは恥ずかしくて言えません。

「こいつは高利貸しの親分の息子なんだ」

グッチ先輩が適当なことを言って場を和ませてくれます。

「そんなふうには見えませんけど」

「いやいや、人は見かけによらないものですよ。お嬢さんも気をつけてくださいね。和歌山では『オバハンキラー』として有名ですから」

せっかく仲良くなれそうなのに、グッチ先輩は余計なことまで喋ります。

「まあ、おばさまにモテるんですか？」

「ええ、まあ。『おばさま』ではなくて『オバハン』ですけどね」

「社長さん、ご冗談がお上手なんだから……」

23歳という真美ちゃんは白魚のような手で口を押さえながら笑っています。

一度クラブ活動を経験しますと、麻薬中毒のようにまた行きたいという欲求を抑えることができなくなりました。

それ以降、コンドームの実演販売をしているときは、頭の中に真美ちゃんの姿を思い浮かべるようにしたものです。

憧れの真美嬢

「社長さん、お久しぶりです。お願いがあるんですけど……」

真美ちゃんから電話をもらったときには、天にも昇るような気分になりました。

初めて会った後3回ほど店に行ったので、気心が通じるような関係になっていました。彼女の願いは同伴出勤に協力してもらいたいというものです。

クラブによっては月のうちに何回か同伴出勤がノルマとしてあり、それを達成できなければ給料から差し引かれるというのも耳にしていました。着物日とかおしゃれ日というのもあって、レンタルで着物を借りなければならない日もあるといいます。煌びやかに見えるホステス稼業も実は大変なのです。

憧れの真美ちゃんの願いとありますから、私はふたつ返事で了解しました。皇室御用達である大阪の一流ホテル「ロイヤルホテル（現・リーガロイヤルホテル）」のダブルルームを予約し、普段の作業衣をスーツに着替えて待ち合わせの大阪駅へ意気揚々と向かいました。

「ありがとうございます。真美、嬉しい」

上品さを際立たせた水色のスーツ姿の真美ちゃんは、私を見つけると小走りで駆け寄ってきて腕を絡ませてきました。帰宅ラッシュで大阪駅に向かう草臥《くたび》れたスーツの通勤客が、私に羨望の眼差しを向けます。

（どうだ。いい女だろ）

大声で触れ回りたい気持ちをグッと抑え、顔を撫でるふりをして弛緩《しかん》した頬をつねり、二人で新地へ向かいました。新地は大阪駅からゆっくり歩いてもせいぜい5分ほどしかかかりません。同伴出勤は客とホステスが夕食を食べてから、クラブに一緒に行きます。夕食をどこで食べるかについては、事前に電話でこんなやりとりがありました。

「新地の食べ物屋に詳しくないんだけど」

「社長さん、私に任せてください。予約を入れておきますから」

真美ちゃんは優しいのです。

本来なら客のほうが店を予約しておくものですが、彼女の言葉に甘えました。連れていかれたのは高級そうなお好み焼き屋さんです。フランス料理のフルコースでも出てきたらどうしようかと、内心、財布のことが心配だった私はひと安心しました。やはり私が見込んだだけあって、お好み焼き屋を選んだ真美ちゃんは高貴《ノーブル》でもあり庶民的でもあるのだと心の中で拍手を送りました。

私の馴染みのお好み焼き屋と言えば、割烹着のおばちゃんが金歯を光らせてガハハハと品なく笑い、近所のおっさんたちがスケベ話に花を咲かせる場所と決まっているのに、ここは別世界です。店内では同伴出勤で着飾ったホステスたちが、下心を隠しきれないオヤジたちと談笑しています。自分もその中の一人であることなど、都合よく忘れていました。

「私ね、しつこいお客さんが嫌なの」

「うんうん。わかるよ。やはり、そうだよねぇ」

お姫様の言うことはごもっともであります。真美ちゃんが苦労して高校を出て、病弱の両親を助けるために水商売の道に入ったことも聞きました。なんと健気なのかとますます彼女のことが愛おしくなりました。

庶民的なはずのお好み焼き屋ですが、ここは高級店なので一口大にカットされた神戸牛のステーキも出てきました。

「真美ちゃん、ホテルを取っておいたから今夜は二人っきりで楽しもうよ」

何度も頭の中で練習したフレーズを、やっと口に出すことができたのは、食事がメインにさしかかったあたりでした。

「えっ？」

アワビのステーキをフォークに刺し、口に運ぼうとした真美ちゃんの手が止まりました。つぶらな瞳が私に向けられています。視線に耐えきれなくなった私はグラスのビールを一気に呷《あお》りました。

「ちょっと考えさせてくださいね」

それ以上押すのも野暮なので、後は店に行ってから口説くことにして勘定をお願いしました。黒服の店員が持ってきた伝票には3万円近い数字が書かれていました。コンドーム販売の稼ぎなら3日分ほどに当たります。割烹着おばちゃんのお好み焼き屋と比べれば、軽く10倍はする値段でした。

（おい、ちょっと明細を見せてくれよ）

頭の中では注文した品々の値段を計算していましたが、時価というのもあったし、真美ちゃんの前でセコイことを言うと嫌われてしまいそうなので、言葉を呑み込みました。

食事代にこれほど払うのは馬鹿馬鹿しいというのが、今も変わらぬ私の考えですが、このときは真美ちゃんとエッチするための投資だと考えることにしたのです。

「ご馳走さまでした」

「うん、なかなか美味しかったね。また来ようよ」

余裕の表情の下では腸《はらわた》が煮えくり返っていました。

「また来ようよ」などと口にしながら、（二度と来るか。店の前を歩くのも嫌だ）と内心で毒突いたものです。それにしても、たかがと言っては失礼ですがお好み焼きであれほど高い料金を取られるとは思いませんでした。

お好み焼き屋から出た私たちは、ゆっくりとクラブに向かいました。自分たちと同じような同伴カップルもちらほら見えます。通り沿いには洋服やバッグ、そして宝石や時計のショーウインドーがネオンの下で輝いています。

惚れた女に騙される

「ああ、よかった。まだ売れていない」

真美ちゃんが足を止めたのはバッグが飾ってある店のショーウインドーの前でした。

「何がよかったの？」

「今度お給料が入ったら、アレを買おうと決めているの」

赤いハンドバッグを指さしました。

「そんなに欲しいんだ」

「うん」

思いつめたように細い顎で頷く仕草も可愛いものです。

「じゃあ、プレゼントするよ。その代わり今晩は大丈夫だよね」

彼女が大きな目を見開いてこっくりと頷きました。

バッグを餌に誘うというのは少々姑息かと胸が痛みましたが、餌代も決して安いものではありませんでした。店員さんがバッグを包装しているのを眺めながら、信じられないほど美しい女性とエッチをするという長年の夢が今晩叶うなら、それぐらいの出費は致し方ないと考えていました。

同伴出勤をして1時間ほど他のホステスたちとも馬鹿話を交わして、意気揚々と一人でホテルに引き揚げました。ダブルベッドに横になり、テレビを点けましたが、視線はどうしても部屋の時計に向いてしまいます。

当時の新地のクラブはたいてい夜11時半が閉店時間で、客やホステスたちが終電に間に合うような時間設定になっていました。

私が泊まっているホテルは新地からタクシーで10分もかからないので、遅くとも0時ごろには愛らしい顔が現れるはずです。クラブから帰るとき、店の外まで見送りにきた真美ちゃんにはタクシー代として1000円札を、握手した手に忍ばせて渡してあります。

気配りができなければモテる男にはなれない、と自画自賛をしながらホテルで待っていましたが、0時を10分過ぎても20分過ぎても、彼女が現れる気配はありません。携帯電話があるような時代ではないので、やきもきしていたところにベッド脇の電話が鳴りました。

「もしもし、真美ですけど」

「おお、どうしたの？」

何をしているんだ、と怒鳴りたい気持ちを隠して軽い調子で尋ねました。

「あのね、社長さんが店を出た後で実家から連絡があって、お母さんが倒れて病院に運ばれたって。それで、私も急いで法円坂《ほうえんざか》の病院に来ているというわけなの。残念だけど今夜は行けないから……」

『馬鹿野郎、舐めたことを言うんじゃない。そんな見え透いた嘘に引っかかるようなオレではないから、つべこべ言わずに来い！』

そう啖呵《たんか》を切りたいのですけれど、惚れている真美ちゃんに嫌われるのが怖い。そんなことを考えている一瞬の間に、受話器の向こうで微《かす》かな救急車のサイレンの音が聞こえました。病院にいるのは本当のようです。彼女を疑った自分を責めました。

「そうか、そりゃあ大変だね。やっぱり家族のことは心配だろうからね。いいよ、今度にしよう」

受話器を叩き付けたいのを我慢して、静かに電話を切りました。男というのは惚れた女に弱いものです。

しかし、真美ちゃんはそのすぐ後、店を辞めて連絡も取れなくなってしまったのです。

「社長さんは見事に騙されたのよ。彼女はホテルに行きたくないから、わざと大きな病院近くの公衆電話で嘘の電話を入れたの。ヒモに貢ぐために稼いでいたんだから。プレゼントされた高級バッグも質入れして現金に換えたって自慢していたし、高級お好み焼き屋からはバックマージンをもらっていたのよ」

真美ちゃんが店を辞めた直後に、彼女と仲の良かったホステスが打ち明けてくれました。

もしそれが本当であれば、私はとんだ道化師《ピエロ》だったことになります。

安くない授業料ではありましたが、さほどショックを受けずに済んだのは、それなりのお金を持つようになっていたからかもしれません。

それ以降も高級クラブでの失敗談は山ほどあります。

男女関係は「綱引き」と同じ

真美ちゃんに騙された後も、高級クラブに顔を出す遊びは続けていました。

このころにはクラブのしきたりにも詳しくなり、お客さんにもホステスにもいろいろな方がいるのもわかりました。

「おい、ちょっと来いよ」

店中に響くようなダミ声で馴染みのホステスを呼びつけるのは、某組の直参組長です。セカンドバッグを持って、胸元からは太い金色の喜平ネックレスをのぞかせています。

とにかく大阪というのはその筋の方々の密度が高いところで、後で足を運ぶことになる銀座の高級クラブとは異なった、独特の雰囲気があります。

組長は股を大きく開いて、呼んだホステスの肩に手を回したり、胸元に手を突っ込んだりとイエローカード乱発の反則技を繰り広げていますが、誰も審判役になりたくないので狼藉《ろうぜき》のし放題です。

「〇〇さん、もういい加減にしてぇな」

ただ、ある老舗クラブのママは例外で、この組長に正面切って注意をすることができました。これはママの背後に「伝説」と言われるクラスの有名組長さんが複数いたというウラがあるからで、傍若無人の振る舞いをしていた組長も「はい、はい。すんません」と矛を収めることになるのであります。

ちょっと話が横道にそれましたので戻しましょう。

組長があまりに馴れ馴れしい態度でホステスに接するのは、店にとって困りものです。なぜなら、「このホステスは自分（組長）の女」と他の客の前で宣言しているようなもので、いくら可愛い娘だとしても危なすぎて、他の客はそのホステスを指名することなぞありえません。ホステスにとっては完全な営業妨害ですけれど、組長さんとホステスが本当はどのような関係なのかわからないので推測するしかありません。組長の愛人として水商売から足抜けするホステスもいれば、組長におねだりをして新地に店を構えたホステスがいるのも知っています。

男と女の関係は綱引きのようなものなのです。

か細くて腕力もない華奢なホステスが、男と女の関係ではプロレスラーが真っ青になるほどの剛腕の持ち主であることも珍しくはありません。ですから、組長から大声で呼ばれたホステスが可哀想だと単純に捉えてはいけないのです。

次の一手

「お前は金貸しはやらないのか」

グッチ先輩から、そんなことを言われるようになったのは70年代半ばのことでした。

「今のところは考えていませんけれど……」

そうは答えたものの、心の中では迷っていたのです。

景気がいいと言われる時代でしたが、コンドーム販売の売り上げは年々、右肩下がりになっていきました。

それは薬屋の形態が変化してきたからです。薬屋というのは酒屋やタバコ屋と同じように手厚く法律で守られた業種で、何百メートル以内には同じ業種の店舗を出してはいけないなどと決まっていました。ですから多くの薬屋はサービスに力を入れることもなく、「売ってやる」という上から目線の殿様商売でありました。

なぜ、こんなふうになったのでしょうか。

「適正な税を徴収するために、店舗開店は許可制として過当競争は許さない」

国税庁は当時、このようなワケのわからない理屈を付けていました。税収を上げるためなら店舗を増やせばいいはずなのに、国は真逆の指導をしていたわけです。薬屋や酒屋の業界は、献金や選挙の際の固定票を政治家にちらつかせてこの特権制度を守ってきたわけで、70年代まではこんな馬鹿みたいなことがまかり通っていたのです。

いや、今でも酒類やタバコの販売には規制があり、街中のコンビニで酒類やタバコを置いていない店舗というのはこのような理由によるものが大半です。

裁判によって薬屋の特権が撤廃されると街中に薬屋が増えだし、そこで競争が始まりました。家族経営が主体で薄暗く、旧態依然としていた薬屋はスーパー形式の薬局にどんどん変わっていきました。客は陳列棚から商品を自由に買い物カゴに入れるようになり、陳列棚にはコンドームの箱も並んでいます。コンドームを購入することに対する心理的ハードルが一気に下がったのです。それに伴って、そもそもコンドームを買うことに後ろめたさを感じない人々も増えてきたように思います。

いずれにせよ、コンドームの訪問販売に見切りをつける時期でした。ただ、次の手を見つけられずにいたのです。

金貸しの金主になって5年ほど経ち、金融業の仕組みというものは大体わかってきていました。グッチ先輩はそのころにはすでに自分で貸金業を営むようになっており、私はその事務所にも顔を出していましたから貸金業のこともそれとなく理解していました。

「儲かってますか？」

「ボチボチでんな」

知人と挨拶を交わすとき、グッチ先輩は頭を掻きながらぼそぼそと答えるのが常でした。儲かっている者に対して羨望と嫉妬心を持つのが人間の性《さが》であることを熟知していたからで、儲かっていても決して本当のことを言ってはならない……。これもグッチ先輩から教わった金言です。

「お前もそろそろ自分でやったらどうだ？　金主よりも儲かるぞ」

グッチ先輩は断言します。

１９５４年に初めて制定された出資法によって決められた金利は当時、最高年１０９・５％。簡単に言うなら１００万円を借りたら1年で倍以上の金利が付くことになります。それではあまりにも高すぎるため、その後、年々上限利率は下がっていきましたが、今考えると信じられないほど高利なものでした。

一家心中など、サラ金関連の事件が新聞の社会面に載らない日はないほどです。合法的な貸金業ですらこんな問題を抱えていたのですから、非合法のいわゆる闇金というのは莫大な利益を挙げていると目の敵にされていました。

「返せないのならソープで働いてもらおうか」

正確には当時はトルコ風呂と呼ばれていましたが、風俗で働いて返済する人もいました。女性なら風俗で働いて返済できるかもしれませんが、男性はそう簡単にはいきません。

「マグロ船に乗せるぞ」

こんな脅し文句が平気で闇金業者の口から出ていた怖い時代でもありました。

いったんマグロ船に乗ってしまえば、オーストラリア沖とかインド洋での操業に連れて行かれて、大海原で操業している船から逃げ出すことはできないという仕組みです。例えば100万円の借金がある男がいたとしましょう。闇金業者は船主に男の借金を肩代わりしてもらい、船主は男に金利を入れた借金分の仕事をさせるというものです。

この他にも人里離れた山奥の飯場で監視されて働かされた人も知っていますので、脅し文句は空手形ではなく実践を伴っていたのです。

「お前の目標は何だ?」

世の中は高度経済成長の波に乗って収入も右肩上がりとなり、マイホーム、マイカーなどを一般人が手にできる一億総中流時代を迎えていました。

それは同時に、金融業が儲かる時代でもあったのです。

一億総中流とマスコミは勝手に名付けましたが、当然のことながら一億人が全員中流階級というわけではありません。中流に入れない人もかなりいましたし、事業に失敗する人もいました。分不相応な高級車を買って、家計が破綻する人もいたでしょう。そういう方々は金を工面するために金融業者に頼ることになります。その他にも不倫で愛人に手切れ金を渡すにあたって銀行から借りることもできず、もちろん家族にも相談できないので、消費者金融を利用する客も少なからずいました。それどころか、足りない小遣い銭を補充するため、気軽に小口金融を利用する客も増えてきました。簡単にお金を借りられる環境が整ってきたのです。

「ニワトリが先か、タマゴが先か」という結論の出ない議論と同じように、「貸す側が悪いのか、借りる側が悪いのか」という大論争が起こったのもこのころでした。

一般庶民が悪徳金貸しのことを連想して、「金貸しは悪だ」と先入観を持っていたことは否定しません。しかし、です。そもそも金を借りなければ悪徳金貸しと出会うこともないですし、借りたお金は返せばいいだけのことです。

闇金業者は別として、免許を取って貸金業の看板を上げているところが全部儲かっていたというわけでもありません。貸金が焦げ付いてしまって夜逃げをする業者だっていました。借りた金を返さない確信犯的な者もいて、その対応などを考えると暗い気分になってしまう商売であることも、先輩の仕事を手伝ううちにわかってきました。

「貸金業をやっていく自信がありません」

謙虚さからでも謙遜でもなく、正直に私はグッチ先輩に答えました。自分がとことん納得しなければ動き出さない性格ですので、借金取りをする自信がなかったのです。

ていました。

「お前の目標は何だっけ？」

「はい。金を稼いでいい女とエッチをすることです」

いつもグッチ先輩に答えているフレーズです。

先輩は私のこの答えが好きだったようで、事あるごとに訊くのが趣味のようになっていました。


「だろ。お前は構えて考えすぎるからダメなんだ。なにも日本一の金貸しになって滅茶苦茶儲けろってオレは言っているんじゃない。これもリスクの分散だと思って肩肘を張らず、ほどほどにやったらいいじゃないか」

目が覚めたように感じました。私が何事にも必死になって取り組む性格を、グッチ先輩はよく知っているのです。コンドーム販売でも休むことなく毎日毎日スーパーカブに乗って3県で売りまくり、実演販売までしていたことをいつも笑いながら聞いてくれたのも先輩です。

「石橋を叩いて渡る」「石橋を叩いても渡らない」「石橋がなくても渡る」というように、人間にはいろいろな性格の人がいます。私はこのどれにも当てはまらず、「石橋を叩こうが叩くまいが、向こう岸に美女がいたら渡る」という性格です。

つまり、かなり慎重な性格ですが、女が絡むと「エ〜イ、行っちゃえ」ということになるのです。

貸金業者になる

私は貸金業の免許を取り、まず5万、10万円の小口の金融を始めました。もちろん何千万円もの融資をする金融会社があることは知っていますし、グッチ先輩はその方向で会社を運営していましたが、当初、私は大口の融資はまったく考えませんでした。大口融資が成功すれば利ザヤは莫大なものになるでしょうが、リスクも相当高いのです。

優良企業や優良客が消費者金融業者を頼ってくることは、西から太陽が昇ってくるぐらいあり得ないことです。そんな方々は低い利率の都市銀行や地銀と呼ばれる地元の銀行、信用金庫から借りるわけです。そうではなく、銀行の審査に通らない方々に貸すのですから当然リスクが高くなります。

小口の金融でも担保を取るなり、連帯保証人を付けるなりしなければ貸すことはできません。担保に申請された土地、建物の不動産などや連帯保証人は必ずチェックしますので、人手も時間もかかります。担保として記載された土地が本当にそれだけの価値があるのかを見極める力量も求められるワケです。

担保とされた土地の評価額と実際に貸し出す金には当然、差があります。たとえば、不動産屋が100万円の価値があると鑑定した土地の場合、これで貸せるのは最大50万円ぐらいで、30万円ぐらいが相場です。

「え〜、30万円ですか？　もう少し色をつけていただけませんかね？　担保として入れている土地は価値があるし、どうせ借金は返すのですから」

借り主というのはそんなふうに言うことが多いものです。

「わかりました。奮発して70万円お貸ししましょう」

なんて言う貸金業者というのはまずいません。

「じゃあ、他の業者に行ってみてください。他も同じだと思いますよ」

そうやって突き放すのが関の山です。担保価値が融資額を上回るような美味しい物件というのはまずありません。フリーマーケットで1000円で買った陶器が『開運！　なんでも鑑定団』で2000万円と評価されることはあるかもしれませんが、それが稀なことと同じです。

なぜ、そこまでシビアにならなければいけないのか。

もし70万円を借りた借り主がパンクしてしまっても、評価額100万円の土地が担保にあるからいい、と考えるのは素人の浅知恵です。

担保に取った土地が実際に70万円以上で売れるという保証はありませんし、いつ売れるかもわからないのです。豆腐やタマゴを売るのとは違い、土地というのはそう簡単に右から左へ売れるワケではありません。売れないで塩漬けになった土地に価値はなく、その間の金利も考えれば貸金業者が担保物件をかなり安く見積もる理由がわかっていただけるでしょう。

ただし、そこの土地が将来、道路の建設計画に引っかかってくるような極秘情報を得ていれば、それは美味しい物件になります。そうなると借り手が早くパンクしてくれることを、貸金業者が密かに願うという気持ちはおわかりいただけると思います。

金貸しもつらいよ

日本人というのは儒教の精神がありますので、約束を守るのは最低限の常識だと、ほとんどの方が思うことでしょう。しかし、金貸しをやっていると、その常識が通用しない方が世の中にはたくさんいることに気付きます。

貸し手が商売であるように、借り手の中には〝借りたもん勝ち〟と思い込む輩もいるのです。やはり危惧していたように、簡単に儲かるような稼業ではありませんでした。

高利貸しというのは古来悪党呼ばわりされて小説などの題材になっています。越後屋は高利貸しをして庶民から金を吸い取り、若い娘を借金のかたに取り、賄賂を悪代官に渡して業績を拡大していく。これが時代劇の鉄板パターンで、「越後屋、お主もワルよのぉ〜」というお決まりのセリフになるわけです。時代劇の悪者は高利貸しと判で押したように決まっています。

ただ、誰もが越後屋のようなあくどいことをできるわけではありません。私のように心臓に毛が生えていない金貸しだっていたのです。まあ、慣れというのも大きいのでしょうが、ともあれ若葉マークがついた私の貸金業は、右に左に揺れながらの危なっかしい出発でした。

田辺に事務所となる一軒家を借りて、経理担当のおばさんを雇いました。そしてチラシを作り、それを撒いて客を集めるところから始めました。アルバイトを雇って和歌山県内や大阪府内の繁華街を中心に営業をかけたのです。チラシの反応がそれほどよくなかったので、今度は当時流行っていたチラシ入りのポケットティッシュを業者に頼んで作り、配り始めました。

「無担保、即日貸し出し」

ポケットティッシュにこんな宣伝文句を書いている業者もありました。しかし、これはエサでありまして、先に触れましたが、実際には所属していない女の子の写真を掲げているキャバクラみたいなものです。

宣伝文句に釣られてきた客に、担保能力や連帯保証人を用意できるかどうか根掘り葉掘り聞き、脈があれば貸し付けるというやり方をしていたのです。

貸金業を始めた当初は、客がいなかったらどうしよう、という危惧を抱いていたのですが、それは杞憂で、次第に電話が掛かってくるようになりました。

借り主はいろいろな金融会社から融資を断られた不良客が多く、貸してくれるならラッキーという程度で気軽に電話をしてきます。コンドーム販売ならば、それは注文ですので電話イコール利益に繋がりますが、貸金の場合は電話の問い合わせは出発点に過ぎません。担保物件の調査などを済ませて商談がまとまるまで、1週間ほどの時間がかかります。5万円、10万円という小口の融資であろうが、100万、200万円の貸し付けであろうが、チェックにかかる手間はたいして変わりません。担保や連帯保証人をでっちあげる借り主も珍しくなく、あわよくば借り逃げしてやろうと考えている者も少なくありません。

私は、真面目に返済してくれる客が「次は額を多めに借りたい」と申し込んできた場合は、なるべく希望を叶えるようにしていました。ただ、何回目かの融資で大きな金額を借りたが最後、そのままドロンしてしまう輩もいます。

「すみません、今日が返済日ですけど……」

月末になると、返済しない借り主の自宅を連日訪ねることになります。築何十年にもなろうとするボロアパートの階段を上がり、借り主不在の部屋のドアを何度ノックしたことでしょう。ドアの上の電気メーターが忙しく回っているのに居留守を使う者もいますし、電灯がついているのに返事をしない豪の者もいます。郵便受けに返済を求める手紙を入れるのも度々でした。

借りるときはあれだけ頭を下げて懇願していた客がお金を借りると豹変し、取り立てに行くと目を吊り上げて逆切れすることも珍しいことではありません。

「すみません、今月はコレしかありません」

毎月3000円ずつ返済する約束だったのに、ドアの隙間から500円札を出す借り手もいます。

そこで「大変なんだろうな」と同情するようでは、真の金貸しにはなれません。借り手は返済を拒んでいるのではなく、少額でも返済しつづけることで、契約を履行しているというポーズを取っているだけなのです。

「父ちゃんはいません」

小学校低学年の幼い子に対応させるのも同情を買うための手段だったと思います。貸金業若葉マークの私は、そういう姿を見るにつけ、心が痛みます。生活に疲れた表情をした奥さんの顔を見ることも多く、そのたびに精神的な重圧を感じたものでした。

「不良債権はありまへんか？」

事務所には債権回収を生業にする者からの電話も多く掛かってきました。私が持っている不良債権を譲渡してくれという誘いです。

たとえば１００万円を貸していたのに回収不能となれば、それは不良債権となります。30万円とか50万円、１００万円の不良債権をまとめて、１０００万円分になった債権を額面の５％、つまり50万円で買い取る業者がいるのです。１０００万円の額面でたった50万円かと思われるかもしれませんが、中にはわずか1％というのもありました。

百戦錬磨の貸金業者が手練手管を使っても回収できない相手というのは一筋縄ではいきません。そういう人たちから回収しようというのですから、当然その筋の方々の出番になります。こうなりますと借り手は早朝から深夜に至るまで、脅されたり賺《すか》されたりして追い込みをかけられるのです。

私は絶対にこのような誘いには乗りませんでした。もし、どこかの組に債権譲渡をしたという情報が流れたら、それはアッという間に広がるからです。

「A組に頼んで、なんでウチはダメなんや?」

因縁をつけるのがヤクザの手法ですから、こうやって入り込んでくるわけで、最初から毅然と断らなければ砂糖に群がるアリのようにどんどんやってくるのです。そして一度繋がりができれば、なんだかんだと理由をつけて経営に口出しし、挙げ句の果てには会社を食い物にしてしまう。そういう例を知っていたので、私はその筋とはまったく関係を持たないことにしました。

それと最初から相手を騙して借りようとした者は別として、やむをえない事情で返済が滞る客に対してのキツイ取り立てはしないことにしました。

これは私が仏のような心の持ち主だ、ということでは当然ありません。

皆さんも頭を巡らしてください。借金取り立てのために、朝から晩まで借り手の家に行くのは大変なのです。世間は、借り手よりも貸し手のほうが大変だということを知らなすぎです。

また、借り手の家に行くと知人と称するコワイお兄さんが見事な啖呵を切る場合もありました。顔がそもそも怖いのに、二の腕からは彫り物がチラチラと覗いており、嫌でも目に入ってしまいます。

「おい、月夜の晩だけだと思うなよ」

たぶんヤクザの初級テキストに載っている慣用句なのでしょうが、これを忠実になぞるヤクザさんが多いのには閉口しました。

「月が出ないような暗い夜には闇に乗じて襲う輩もいるでしょうねぇ〜。無理かと思いますが、せいぜい用心してくださいよ」

というような意味になりますけれど、当然私の体を心配してくれる奇特な方であるはずがありません。

「ぶっ殺すぞ」「沈めるぞ」というようなストレートな表現をすれば脅迫罪になってしまうので、このような婉曲な表現になるわけです。

債権回収のために人を雇えば、経費が嵩《かさ》みます。経費とにらめっこをすれば、不良債権は放置というか塩漬けにしておくしかない。

それが私の結論でした。

というわけで最初から憂慮していたように貸金業は思うようにいきませんでした。かろうじて儲けは出ていましたが、回収の苦労を考えれば割に合いません。

70年代の後半から、なんだかんだと10年以上、地元を中心にやってきましたが、大手の消費者金融会社が広告に力を入れだし、新規の客も減り始めてきました。

このままではジリ貧になってしまう——、焦りの気持ちを抱き、店じまいを考えるほど追い詰められていったのです。

第5章　よく稼ぎ、よく遊ぶ

人生最大の大勝負

「なんとか上手い方法はないものでしょうかねぇ」

借金取りの仕事で三重県南部の某市へ行った折、私は旧知の熊野さんの事務所に足を運びました。以前、私がナンパした女性を寿司屋に誘った際、その店で偶然隣の席に座っていた人物です。意気投合してお互いの身の上話をしてみると、驚いたことに熊野さんは議員だというのです（国会議員なのか県会議員なのかは、正体がバレますので明らかにすることはできません）。

ちなみに、ナンパした女性にはドタキャンされてしまったのですが、それもあって熊野さんとじっくり話すことになったのですから、縁というものの不思議を感じるばかりです。熊野さんはその後も私のことを可愛がってくれ、事務所に顔を出したり食事をご馳走になったりする関係になっていました。

「担保を取ったり、連帯保証人をチェックしたりするのに手間暇がかかって、割に合わないんですよ。虚偽の申告をする者もいますし、客も減っています……」

私は熊野さんに貸金業の窮状を正直に話しました。

「そりゃあ、関西での金融業というのは難しいと思うぞ」

白髪に銀縁メガネの熊野さんは、腕組みをして宙を見つめました。今日も高級スーツを身にまとっています。

「そうなんです。借りたもん勝ちですからね」

「キミにはバックはおらんのやろ」

熊野さんには、私が暴力団関係とは無縁であることを説明してありました。

「関西でバックなしに金融をやろうというのは、難しいだろうなぁ」

しばらく目を閉じたままだった熊野さんが、正面から私を見つめて切り出しました。

「別に大阪や和歌山でなくてもええんやろ」

「はい、全然固執していません」

「じゃあ東京で勝負をしたらどうやろうか」

「えっ、東京ですか……」

思いもかけない提案でした。東京には何度か行ったことはありますが、それほど詳しいというわけではありませんし、大阪よりも大きな都会での勝算なんてまるでありません。

「それでな、こうしたらええんやないか……」

熊野さんは戸惑っている私に対して、細々と指南をしてくれたのです。

「まもなく終点東京に到着します」

新幹線の中に流れる車内アナウンスを耳にしながら、私は車窓から高層ビル群を眺めて武者震いをしておりました。

東京進出にあたり、所有していた不動産を担保に、地元の公的金融機関から5000万円近い金を借りています。物見遊山ではなく人生の大勝負、これまでの私の人生で最大の賭けでした。時代はバブル終焉近く、90年代に入っていました。

東京駅の丸の内口を出た私は、高さ制限のため均整の取れたビルが並ぶ街をゆっくりと歩き、日比谷から霞が関の官庁街を回ってみました。

東京に遊びに来た際、銀座のクラブはすでに経験していましたが、日本の中枢省庁が集まっている霞が関に足を運んだのは初めてのことでした。

官庁のビルの前ではスーツ姿の凜々《りり》しい方々が忙しそうに歩き、多くの黒塗りのハイヤーが停まっていました。皆さん、頭が良さそうだし品行方正に見え、狙っていた作戦が、本当に上手くいくのか不安な気持ちが持ち上がってきました。

(いや、ここで勝たなければ大好きなエッチもできないんだ。頑張るしかない)

自分に言い聞かせて、今度は地下鉄で、お嬢様が多く通っているという渋谷区内の某有名大学へ向かいました。

「すみませんが、ウチのバイトをしてくれませんか」

校門の前で、器量良しの女子大生を見つけては、次から次へと声を掛けます。

「ごめんなさい、忙しいので」

こうして断られるのはまだいいほうで、ほとんどの方は完全無視です。でも、くじけることはありません。コンドーム売りの苦労に比べたら、こんなものは屁でもないのです。1時間ほど校門の脇でバイト勧誘をして、やっと協力してくれる女子大生をゲットすることができました。

テニスサークルのまとめ役をしている女子大生のヒロミさんです。

ボーイッシュで小柄なヒロミさんは美人ですが、私のタイプというわけではありません。結果的にそれが良かったのでしょう。もしタイプの娘であれば当初の目的を忘れて、即座に口説き文句を垂れていたかもしれません。私はいたって真面目な態度で、彼女を近所の喫茶店に誘ってバイトの説明をしました。

「あのね、なるだけ美人の女子大生を雇いたいんだけど……」

私の作戦の一つは、見栄えの良い女子大生にティッシュ配りのバイトをしてもらうというものでした。

駅前や街角でのティッシュ配りは当時流行していましたが、忙しい通勤時間帯なので通勤客が受け取ってくれないケースも少なくありません。そこで美人女子大生の登場です。

古女房がまだ寝床の中でウトウトしている時間から、身動きも取れないほどの満員電車に揺られて早朝に出勤してくる中高年サラリーマンたち。どれだけ仏頂面でいようとも、清楚な美人女子大生が微笑んでティッシュを差し出せば、彼らはほぼ確実に受け取ってくれます。男の本質は助平だと勝手に解釈している私の狙いは見事に当たりました。

それにしても、ヒロミさんと出会えたのは天祐でありました。彼女が所属していたサークルには100人近くも部員がおり、彼女がみんなの学業に支障がないようにローテーションを組んで、サークル全体でティッシュ配りをしてくれるようになったのです。

私は時給を他の会社のティッシュ配りより高くし、ヒロミさんには特別に報酬を支払うことも忘れませんでした。

成功の秘訣は「客選び」

「どうぞよろしくお願いします、ハイ、どうぞ……」

朝の通勤時間帯に東京駅の丸の内口から遠くない丸の内の仲通りで、スーツ姿の私と揃いのトレーナーを着た3〜4人の美人女子大生たちがティッシュを配っています。

道行くスーツ姿の人々にティッシュを手渡しながら、私の頭の中には熊野さんのアドバイスがありました。それは客を絞り込めというものでした。

「あのな、客は公務員か一流企業の社員に限定するんだ。それには日本で一番、国家公務員が働いている地域を重点的に攻めるのがいいだろう」

国家公務員に金を借りる需要があるのか、私は半信半疑でありました。公務員と言えば国民、市民たちに奉仕する優秀な方々ばかりだと、当時の私は純粋に尊敬していたからです。

「公務員ってそこそこの給料が必ず出るんですから、お金を借りる必要はないんじゃないですか」

そんなことを口にすると熊野さんが笑いました。

「そういう先入観を持つのがダメなんだ。公務員だってヤクザだって同じ人間だよ。屁もすれば糞もする。賭け事が好きなヤツもおるし、愛人を囲っているヤツだっておるんや」

「へえ、そんなもんですか？」

「ドロドロの不倫でお金が必要な者もおるし、平気で嘘つくヤツだっておる」

熊野さんは議員として長年公務員と付き合っていたので、彼らの裏の顔もよく知っていたのです。有楽町に借りた小さな私の事務所には、ほどなくして中央官庁の職員が続々と顔を出すようになりました。熊野さんの見立て通りでした。

「借りたいんですけど」

誰もが知っている一流企業の社員からも電話がありました。ポケットティッシュには田辺の事務所と有楽町の事務所の電話番号が記されています。

「それでは住民票と戸籍謄本、それに社員証と印鑑証明書、実印を持ってきてください」

電話を受ければそう答えました。借金の理由についてはどうせ本当のことは言わないので、あえて聞くこともしません。

「担保・保証人不要。即日貸付可」

ティッシュにはそう記されています。こちらは客寄せのための誇大宣伝ではありません。担保や保証人を不要にすれば、そのぶんチェックの手間が大幅に省けます。こちらとしては時間も経費も削減できますし、借りる側としてもハードルが低くなるので融資申し込みがグンと増えることになりました。

なぜ、担保も保証人も不要にしたのか。いや、正確に言えば担保はあるのです。それは職場そのものでした。国が潰れたり、転覆したとしても公務員は残ります。また、丸の内界隈に本社がある一流企業も、まず倒産することはありません。

仮に返済が遅れれば職場に電話が行くことになりますから、将来がある借り手としてはそれだけは避けたいはずです。公正証書を前もって取っているので、万が一、借金を踏み倒そうという人がいれば、給料差し押さえの訴訟を起こす手もあります。

そもそも、中央官庁の公務員や一流企業の社員にとって、たとえ闇金でなくても消費者金融から借金をしていることは絶対に知られたくない秘密です。昇進にも影響するでしょう。ですから、決められた期日にはほとんどの方が自主的に返済をしてくれました。

借金取りに行く必要がなくなったのは、小心者の私にとっては心理的にも非常にありがたいことでした。

宮内庁職員もお得意様

口コミなのか、ティッシュ配りのお蔭なのか、客数は日が経つにしたがって増えていきました。

「競馬ですった」「マージャンで負けたから」「ゴルフで負けた」というのは可愛いほうです。

「社長、参ったよ。またトランプで負けてしまってね。10万円用立ててくれませんか」

いつも金を借りに来ていた40代のGさんは、なんと宮内庁の職員でした。

「職場で仕事中にトランプができるんですか？」

「うん。そんなのオレら以外にもやっていますよ」

なんと職場で勤務中に、花札やトランプ賭博をやっているというのです。

「いや〜あ、参った、参った。社長、悪いけどまた貸してくれませんか？」

霞が関の文部省（当時）に勤めている常連さんは、体が大きな陽気な男でした。早稲田大学を出て公務員となった彼は、私よりも5歳ほど年上で時代劇の俳優のように目鼻立ちがくっきりとしており、押しも強いし、弁も立ちます。

「取れなかったんですか？」

「そうなんだよ。3―5で鉄板だと思ったんだけど、3―3を押さえていなかったからなあ。畜生もうちょっとだったのに」

彼は週末の中央競馬にハマっていて、決まったように月曜日になると事務所に顔を出します。

「今度はいくら御用立てしましょうか」

「悪いけど、5万円貸して」

彼はノミ屋を利用していたのです。わざわざ競馬場や場外馬券売り場に行くのが面倒くさいという競馬ファンの多くは、ノミ屋を利用していました。これはJRAの代わりにノミ屋が胴元になって、客の賭けを引き受ける非合法なものですが、電話一本で受け付けてくれる便利なものです。万馬券の場合は何百倍のオッズだとしても上限は100倍までというルールがあったりするのですが、外れ馬券の1割をバックする特典をつけているノミ屋もあり、多くの客がついていたのです。

客はノミ屋に預かり金をプールして信用を得れば、あとは信頼関係で預かり金が少なくなっても電話で注文ができ、土日の結果を月曜日に精算します。

わが社の常連顧客であり、ノミ屋の常連でもある彼は太っ腹な性格で、私を銀座のクラブに連れて行ってくれたこともあります。

「ほら、社長、さあ、呑んで呑んで。昨日は調子良くてねえ。俺の金庫は中央競馬会だから潰れないよ」

笑顔のホステスたちを前に、彼は機嫌よくグラスを口に運んでいました。そんな「飲む、打つ、買う」三拍子が揃った豪快な男が、中央官庁の公務員にも少なからずいたのです。

「社長、これに金がかかってさ」

いつものように小指を上げて借金を申し込んでくるのは「菱《ひし》」の洞口さんでした。菱と言ってもヤクザのそれではなく、菱マークの大企業の社員です。50代半ばでメタルフレームの眼鏡をかけた洞口さんの名刺には、部長の肩書が書かれていました。ロマンスグレーの髪にスーツ姿がよく似合っています。

「洞口さんはモテるんでしょうね」

相手はお客様ですので褒めるのは鉄則ですが、あながちお世辞とは言えないほど格好のいい方です。

「慶應の同窓会で昔の彼女と会ってさ」

さりげなく出身校の自慢をします。

「彼女がプレゼントが欲しいってねだるんだ。困っちゃうよな」

ちっとも困っていないようで、単に自慢したいだけなのです。20万円を用立てた後で彼が一杯飲みに行こうと誘ってくれたので、銀座の割烹に足を運びました。

「いや、あの店のナンバーワンホステスがしつこいんだよな。職場にも電話が来るんだから嫌になっちゃうよ」

相変わらずの自慢話であります。ハモの落としとか、季節の天ぷらを次々と注文し、大吟醸のお酒もクイクイといき、ほとんど一人で食べて飲んで喋っています。

「社長もどうぞ」

日本酒が飲めない私にも酌をしてくれますが、これほど飲み食いするとお会計が心配になってきます。

「やはり一流企業ともなると、こういうのも交際費で落とせるんでしょうね」

「そりゃあ、ある程度はね。まあ、ボクはハンコを押すほうだから」

「じゃあ、ご自分の交際費ってどうなさるんですか？」

「一回5万円までなら、稟議書も何もいらないんだ」

さすがに大企業は違うと感心して、安心して料理に箸をつけました。

「社長、1万5000円でいいですから」

会計のために席をはずしていた洞口さんが戻ってきて私に言います。

「はあ?」

飲みに誘って、自分は交際費のハンコを押す立場だと自慢しておきながら、割り勘だというのです。

「ちょっと待っていてください」

私はキャッシャーに行って、和服の女性係員に値段を聞きました。

「合計2万5000円です」

慌てて追いかけてきた洞口さんは、

「社長、そんなセコいこといいじゃないですか」

とバツの悪そうな薄笑いを浮かべています。

洞口さんは2万5000円の領収書を店からもらい、私からも1万5000円をせしめようとしていたのです。

私は1万5000円を支払い、お店からきっちりと同額の領収書をいただきました。その後、二度と洞口さんと飲みに行くことはありませんでした。洞口さんのような調子のいい人がいるのも、丸の内の一流企業の正体でした。

逃げる者は追わない

先ほど、給料差し押さえのために公正証書を取るという話をしました。これは知っている方があまりいないと思いますので、少し説明しておきます。

金を貸し付ける際に「金銭消費貸借契約」という契約書を作成し、これを関係書類とともに公証役場に持っていけば、この契約書は公正証書ということになります。

公正証書は裁判の判決と同じ効力を持ちます。もし返済が滞った場合、この証書があれば、いつでも給料や土地などを差し押さえることができるわけです。

ただし、貸した金が返済される保証にはなりません。ここが裁判所と同じく限界のあるところで、たとえ「返済しろ」と言っても強制力がないのです。いつでも請求できるけれど、「請求されてもないものはない」などと開き直ってしまえばそれで済んでしまうのですから、絶対に返さないと尻をまくった借り手には意味がありません。

自己破産をして借金をパーにしてしまう方もいます。これは法律的に認められていることですので、貸金業者側は腫れ物に触るように客に自己破産をさせない程度に返済を求めていくしかありません。

私は東京進出以来、無担保・保証人なしで貸し付けていましたが、あくまでこれは客を絞ったからできることです。本来はやはり担保がなければ金を貸すべきではないでしょう。

万が一に備えて、私は公正証書を取っていましたが、証書を作るには5000円ほどの手数料がかかります。これは客に貸し出す金から棒引きするのですが、3万～5万円が大半の小口金融で最初に5000円も引かれたら、客のほうが尻込みしてしまいます。しかも、返済しないと決めた客にとっては公正証書があろうとなかろうと関係がないのですから、そのうち公正証書を取ることもやめてしまいました。

公務員にも一流企業の社員にもアウトローがいることは先述したとおりで、ウチから金を借りた直後に退職し、姿を消してしまった人もいました。おそらく他のところからも借りていたはずです。ある程度は追いかけましたが、人捜しも手間がかかるし、全体の業績は順調だったので放っておくことにしました。

女子大生を口説く

熊野さんのアドバイスは天啓でした。もし、関西に固執していたら今の私の成功はなかったでしょう。人との付き合いも同じですが、街にも向き不向きというものがあると思います。私の場合は関西よりも東京の水が合っていたということです。そして客を公務員と一流会社の社員に絞り込んだのが大成功につながったのです。

他の消費者金融会社のティッシュ配りは丸の内界隈ではやっておらず、もっと人通りが多い有楽町の駅前とか新橋駅や神田駅周辺が多かったものです。

神田や新橋は消費者金融会社や闇金の事務所が多い金融街でしたので、ライバル会社の社員たちが道を挟んで必死になってティッシュ配りをしている姿は滑稽でした。ライバルは少ないに越したことはありません。火花が散るような陣取り合戦を高みから見物し、私は朝夕の通勤時間帯は丸の内、霞が関の周辺でティッシュを配り、それ以外の時間帯には有楽町や新橋でも配っておりました。

ティッシュ配りの合間に、私はお客様と面談して貸すか貸さないかを判断し、書類を作成しなければなりません。むしろそちらがメインですから、相当忙しい毎日を送っておりました。

ただ根は助平ですから、アルバイトを終えた美人女子大生を飲み食いに連れていき、口説きまくっていたのです。

「今日はご苦労さんだったね」

居酒屋の個室では女子大生たちがビールのコップを前にして、頬をほんのりと染めています。そのひとりひとりに声を掛けながらお酌して回るのは楽しいことでした。

なにしろ女子大生が5〜6人いる中に男性は私一人です。あくまで社長とアルバイトの関係ではありますが、内心ではこのハーレム状態に鼻の下を伸ばしていました。

「ユキちゃん、社長は助平だから口説かれたらダメよ」

ヒロミさんは私の魂胆を軽く一蹴《いっしゅう》するように、後輩のユキちゃんに釘を刺すことを忘れません。

「ヒロミちゃん、そんなんじゃないから。こうやって若い娘たちと喋っているだけで幸せな気分になるんだよ」

苦笑いをするものの、そんな手に乗るような彼女ではありません。

「いいえ、社長の魂胆は見え見えですから」

ヒロミさんのキツい一言も笑って聞き流します。なんと言っても、彼女がいなければティッシュ配りのバイトは回らなくなるのです。彼女には普段から最大限、気を遣って接しておりました。

これがうまくいった秘訣でしょう。女性社会というのは微妙ですからヒロミさんに手を出さなかったのは正解だったと今でも思っています。ただ、ヒロミさんは私のことを「助平、エロジジイ」と公言していましたから、やっぱり口説けなかったような気がします。

ともあれ、ヒロミさんがバイトに来られない日もありましたので、そのときにはお目当ての娘を中心にして口説き文句を垂れ流しておりました。わざわざナンパをする必要もなく、自分の好みの女子大生と楽しく接することができるのですから、これは一石二鳥のおいしいことでした。

成果？ 賢明なる読者諸兄はコンドームの実演販売のときと同じように「そんなうまい話があるものか」と、私の失敗談をお望みでしょう。

申し訳ありませんが、この作戦は大成功でした。

当時、私は50代の独身で脂が乗った時代でもあり、すでに億に近い金も貯まっていました。金持ちになって好みのタイプの女性とエッチしまくるという夢には道半ばではありましたが、女子大生と遊んで、付き合ってくれた娘に小遣いを渡すくらいのことはできるようになっていたのです。

銀座のクラブに魅せられて

素人の女子大生と付き合って満足していればいいものを、助平心というのは底なし沼のようなものです。

このころ、銀座の高級クラブにも連夜のように足を運んでいました。大阪のキタ新地の煌びやかな世界にも驚いたものですが、銀座のクラブの落ち着いた対応は新地では味わえないような感じがしたものです。

新地ではよく見るその筋の方々も、銀座ではあまり見かけることがありません。名のある高級クラブの前で恭《うやうや》しく頭を下げる黒服に案内されて店に上がるのが無上の楽しみとなっていたのです。これも雨にも負けず風にも負けずコンドームを売った下積みの日々があったからだと、夜の蝶たちが微笑む店内で何度思ったことでしょうか。

新地と銀座の決定的な違いは、銀座ではホステスさんがみんな標準語を喋るということでした。新地のクラブでホステスさんが関西弁を話すのは当然ですが、東京には関西はもちろん、全国から人が集まっています。ホステスさんの中にも地方出身者は多くいます。しかし、彼女たちが地方の言葉を話すことはまずありません。

特に関西弁はアクが強く、東京では敬遠されていた時代がありました。ホステスさんが全員標準語を使うのは、銀座のクラブの掟のようなものだったのかもしれません。

今でこそ関西人はいつでもどこでも関西弁を使っているようなイメージが定着していますが、それはせいぜい、この30年くらいのものです。関西弁を使っても敬遠されない雰囲気を作った功労者は明石家さんまさんではないでしょうか。彼の軽妙洒脱な関西弁が受け、漫才ブームを足がかりにして関西弁が全国に広まっていったのだと私は思っています。

私自身は和歌山県南西部の出身で、和歌山弁のエリアですけれど、若いうちから和歌山のみならず奈良や三重でのコンドーム販売でも標準語を使っていました。標準語は押し付けがましくなく、説明が客観的にお客さんの耳に入ってくれる利点があると思ったからでした。

「社長は本当に和歌山のご出身ですか?」

ホステスさんたちからよく訊かれます。女性を口説くときにはやはり標準語のほうがいいと私の体に染みついていますので、関西弁を使うことはまずありません。

当時の高級クラブのホステスは今よりも美人が多く、プライドも高かったような気がします。デヴィ夫人がスカルノ・インドネシア元大統領に見初《みそ》められたのは赤坂の高級クラブでした。

ちなみに私はデヴィ夫人とは懇意にさせていただいておりまして、2年前に白浜のリゾートホテルで催した私の誕生パーティにも来ていただきましたし、東京でのデヴィさんのパーティにも顔を出させていただいております。

時代はバブルが終わったころでしたが、バブルが終わったというのはこの何年か後にわかったことで、まだまだ日本中がお祭り騒ぎに浮かれておりました。

その余波は銀座のクラブにも押し寄せていました。私はいろいろな方に世話になり、多少の努力をして金を稼いできたと自負しておりますが、たいした努力もしていなそうな客が見られるようになったのも、この時代の銀座の特徴だったと思います。

一流企業の役員たちが静かな会話を楽しむ高級クラブにそぐわない、若い兄《あん》ちゃんたちの姿です。それでも超一流と呼ばれるクラブは客を吟味するので落ち着きはありましたが、銀座の二流クラブや六本木などでは茶髪の20代の若者が大手を振って飲み歩いていました。地上げで持てあますほどの大金を手にした若造たちが、店内でホステスのお尻を撫でるわ、胸に手を突っ込むわ、というやりたい放題をしていたのです。若さと馬鹿さは一文字だけ違っているとは前述しましたが、まさしくそれは常軌を逸していました。

そんな時代を経て、銀座のクラブのホステスさんたちから、昔のようなプライドの高さも消えていったような気がします。

チャンスは転がっている

依存症という言葉があります。ギャンブル依存症とかアルコール依存症の他に薬物依存症もあります。ハナ肇とクレイジー・キャッツの「わかっちゃいるけど、やめられない」状況なわけですが、私の場合はクラブ依存症にかかってしまいました。

繁華街のネオンを見たり、客を見送りに出てきた優雅なホステスさんの姿を見ると、尻のあたりがむずむずとしてくるのです。こうなったら、クラブに行くことしか考えられなくなります。この病気を治すには北海道の原野とか、アラスカやシベリアの凍てつく大地で暮らせばいいのでしょうが、それではオマンマの食い上げになってしまいます。

私の事務所は当時、有楽町の路地裏の雑居ビルにあり、夕方過ぎになると着飾ったホステスのお姉さんたちが、クラブに出勤していく姿が見えました。それだけで、もう「尻むず状態」になってしまうのです。

銀座のクラブというのは主に有楽町駅から近い銀座6丁目から新橋駅方向の銀座8丁目に集中していましたから、事務所はまさにクラブ最前線に位置していたわけです。戦闘と同じことで、前線ではちょっとしたことで火蓋が切られることが間々あります。

夕方のティッシュ配りを終えて事務所に戻るころが、ちょうどホステスの出勤タイムに重なっていました。

「どちらのクラブですか？」

すれ違った好みの美人ホステスに声を掛けるのも楽しみになっていました。彼女たちもスーツ姿の私を見て、自分の客になる可能性があるか素早く計算するわけですから、まず失礼な態度を取ることはありません。

まあ、中には無視をするホステスさんもいますが、そんなホステスはチャンスを摑む可能性がないと思って間違いありません。

どこに金儲けのチャンスが転がっているのかわからないのですから、人との出会いは大事にしなければなりません。

それを理解しているホステスさんは微笑んで答えてくれます。

「クラブ○○の理恵です。お待ちしていますわね」

店名と源氏名を聞けば、ターゲットにロックオンした状態になります。それで日を改めて行くと、大歓迎をしてくれるというわけです。これが銀座や新地の一流クラブのしきたりを打破することにもつながりました。

「あの〜、ご紹介は？」

一流クラブの店頭に立っている黒服は、顧客の顔をよく覚えているものです。一流ホテルの玄関にいるベテランのドアマンも何千人もの顧客の顔と名前、そして会社名を記憶していると聞いたことがありますが、ベテラン黒服もそれに負けず劣らずのプロなのです。

一見の客を素早く見抜きますので、フラリと来た客を店内に入れることはいたしません。当時も今もそうですが、一流クラブには誰かの紹介がなければ入れないという店が多くあります。言ってみれば、それが店の格を作り、その格に応じた客が集まってくるのです。そういうしきたりがあるのは私も理解していましたが、地方出身の私に、いつもいつも紹介者がいるわけではありません。

そこで、私はこう言うのです。

「理恵ちゃんから誘われていてね」

お店のホステスさんの源氏名を言えば、たとえ紹介がなくても入店を断られることはまずありません。しかも、多少強引ですが、理恵ちゃんから誘われているのは事実です。

もともと、この「紹介者システム」は「会員制」と同様の狙いがあって、その筋の方々をシャットアウトするために広がったと聞きます。実際には会員制ではないのに、ドアに「会員制」とわざわざ掲げている店もあります。

「すみません、ウチは会員制ですから」

容貌を見ただけでヤバ筋の客と判断すれば、会員制を盾に断ることができるからです。

ともかく、私はこの方法で一流と呼ばれるクラブにも出入りするようになり、その店で新たな出会いを得ることも少なくありませんでした。

常連と認められるには

私が銀座通いをするのは、ホステスさんを口説く目的が一番でしたが、黒服との会話が楽しかったということもありました。

「クラブ○○のナンバーワンは馨ちゃんなんでしょ」

「そうですけど、近々移籍するみたいですよ」

「そうなんだ。どうしてだろう？」

「ほら、○○のママってケチだから、折り合いが悪いって聞いていますけど」

馴染みになると、少し立ち話をしただけでそんな情報をくれるようになります。長年、水商売をしてきた方が多い黒服たちの情報収集能力は凄いものがあり、ホステスが付き合っている旦那の秘密情報も握っていると耳にしています。

「社長、ありがとうございました。またお越しくださいね」

勢揃いしたクラブのホステスたちに見送られて店を出る際、私はいつも傍らで頭を下げている黒服の手に、5000円ほどのチップを渡すようにしています。そのうち、銀座でも新地でも、

「お久しぶりです社長、どうですか、ちょっと寄っていってくださいよ」

と黒服から声を掛けられるようになります。

彼らから大きな声で呼び止められるのは、自分がその街の常連客として認められているという優越感を感じて嬉しいものです。

「お帰りですか？」

ホステスとのアフターに付き合ってホテルに戻る道筋、声を掛けてきたのは馴染みの一流クラブの黒服ゴローさんでした。私よりも年嵩ですが愛想が良く、何度か立ち話をしている仲でした。

「ゴローさんも今日の仕事は終わりですか？　じゃあ、一杯行きましょうか」

小腹が空いていたので、そば屋に一緒に入りました。

「社長は馨ちゃんを狙っているんでしょ」

銚子を摘まんだゴローさんが、酌をしながらさりげなく訊きました。

「さすがに地獄耳ですね。まあ、狙っていないことはないけどさ、馨ちゃんの旦那って誰なの？」

彼氏なんかいないと馨ちゃんは言い張っていますが、それが明らかな虚偽申告であることぐらいクラブの世界では常識であります。

ピンクの口紅を塗った可愛い唇を尖らして、「本当に彼氏なんかいないんだから」と大きな胸を肩に押し付けてくる手口に、やにさがってばかりいてはいけないのです。信じる者は救われるというのは宗教の世界ですが、信じない者ほど救われるのがホステスさんとの駆け引きです。騙し騙される虚構の舞台が一流クラブでは毎夜開演されているのです。

「北海道の牧場主だとウワサされていますよ」

「牧場主ねえ……」

確かに「競馬が好きだ」と馨ちゃんは言っていましたが、どうやら好きなのは馬ではなく、飼い主のようだと合点がいきました。

「ゴローさん、ダイナマイトボディで性格のいい娘っていませんかね」

ざるそばを口に運んでいた彼が、プッと吹き出してしまいました。

「社長も長いことクラブ活動をしているのでしょうから、知っておられるでしょうが、そんなのはまずいませんって。まあ、せいぜい新人ホステスでしょうけど、そんな娘に限って1週間ほどで辞めちゃいますからね」

予想していた答えでしたけれども、そんなことでメゲるようではいい女を捕まえることはできません。

「わかりました。社長の好みに合ったような方を見つけたら連絡しますよ」

ゴローさんからはその後何回か連絡をいただき、期待を抱いてクラブへ通ったものです。中にはまさに私のタイプにぴったりのホステスさんもいて、そういうお店にはそれこそ毎晩のように通いました。

しかし、百発百中で落とせるというわけでは当然ありません。同伴出勤に付き合ったり服やバッグなどをプレゼントしたりと、さんざん尽くした挙げ句、成就しないこともしばしばでありました。

この当時、同伴出勤で利用したのは、うなぎ屋さんと天ぷら屋さんばかり。新地のバカ高い高級お好み焼き屋の失敗に懲りてしまい、銀座では私がお店を選んでおりました。

関西の料理もおいしいですけれど、うなぎと天ぷらは東京に敵《かな》わないと思っての選択で、女の子にも喜ばれることが多かったです。

少しだけ料理の話を続けると、関西ではお寿司屋さんでもうなぎが出てきます。蒸していないので歯ごたえはあるものの、やはり江戸前のほうが私の好みです。同じように江戸前の天ぷらも秀逸です。現在でも毎週のように東京に来ておりますが、銀座の贔屓の天ぷら屋さんには必ず足を運ぶようにしています。

カウンターの隣に腰かけている若い美女を口説きながら、若鮎やウニ、そしてアナゴや車海老をサクッと食べるのは格別です。普段は食べ物にまったく気を遣うことはありませんが、これだけはやめられません。

独身で田辺と東京を毎週往復する忙しい生活を送り、東京ではホテル暮らしをしておりましたので、そのころの食事は外食オンリーでした。

天ぷらや焼き肉などを毎晩のように食べていた私ですが、それが私の体に異変をもたらすことになるのは、もう少し先の話です。

第6章　心を読めば、ナンパも仕事も上手くいく

夜の親善大使

お目当てのホステスがいるのに、他の店のホステスにもちょっかいを出したくなるのは私の悪い癖です。

ただし、同じエリアで複数のホステスを狙うことは戒めておりました。この業界は狭いので、私の悪行が狙ったホステスの耳に入らないようにしなければなりません。ですから銀座以外にも六本木や新宿、渋谷、池袋などの繁華街に顔を出して社会勉強を続けましたが、しっくりくるのはやはり落ち着きのある銀座でした。

六本木は当時、交通の便があまり良くなかったのですが、流行に敏感な若い人たちのたまり場となっていました。そのためか、銀座よりも比較的若い娘たちがホステスになっていたように思います。

銀座がプロのホステスとすれば、六本木はアマチュアのホステスのような感じで、女子大生ホステスが多くいるのも特徴でした。口説くのなら六本木のほうが成功率が高いのですが、私は美人女子大生たちをバイトで雇い、そちらには太すぎるパイプを持っていたので、わざわざ高いお金を支払ってまで女子大生ホステスとバカ騒ぎをする必要はありません。

それよりも六本木では、珍しいお店を開拓してはよく通っていました。当時は外国人がホステスになる黎明期《れいめいき》で、フィリピンやタイなど東南アジア出身のホステスさんはすでに当たり前の光景になっており、ロシアンパブが流行する少し前のことでした。

そのころ、欧米出身のホステスだけを抱えているクラブというのがちらほらと出てきました。多分ビザの関係であまり公にできない類《たぐい》のクラブだったのでしょうが、鼻の下を伸ばした夜の親善大使たちが六本木にたくさん集まったものです。

しかし、おかしなもので助平というのは同じことを考えるようです。きっと思考回路が同じなのでしょう。銀座で顔を見たことがある四角い顔をした50代の加藤さんという方と、この六本木の店でばったりと顔を合わせて仲良くなったのも懐かしい思い出です。

加藤さんの名刺には不動産会社社長とありましたが、それが本当なのかどうかはわからないし、詮索しないことにしていました。ただ銀座の一流クラブにも顔を出していたのですから、それなりに羽振りは良かったのでしょう。

加藤さんと私は女の子が出勤してくる時間に合わせて店に通いました。彼はアメリカに駐在経験があるとかで英語も喋れまして、アメリカのヤンキー娘を主に狙っていました。ホステスといってもこのクラブで働く外国人女性たちは専業ではなく、比較的長期の旅行者とか国際線のCA（キャビンアテンダント）、そして留学生などが中心でした。

彼女たちは手軽に稼げるという口コミで集まってきたのですから、銀座のホステスさんのように派手で豪華な衣装というわけにはいきません。さすがにジーンズなどのパンツルックは禁止でしたが、スレていない娘が多いのが特徴で、それでいて日本の一流モデルも顔負けというほど、スタイルもルックスもいい娘が揃っていたものです。わずか1日だけ働きに来たという女の子も少なくなく、そのような女性との出会いを加藤さんも私も狙っていました。

私としても国際親善というのは大事だと常日頃思っていますから、自分を勝手に親善大使に任命して、毎晩のように「六本木の国際会議」に出席していました。店内には30代から50代を中心に数多くの男たちが勢揃いし、あちこちで拙《つたな》い英会話が飛び交っています。

「ハッピー・オーラ、ハッピー・エレガント、ハッピー・ナイスボディ。あなたとデートしたい、エッチしたい」

私は街で気になった女性をナンパするとき、今でもこのセリフで声を掛けるのですが、この原型ができたのも、この六本木のクラブ通いをしていたときでした。

アメリカはもちろんのことカナダ、そしてフランスやドイツなどの女性たちと交流を深めたものです。中でも私が気に入ったのはイタリアの娘でした。やはり戦後40年以上経っていたとはいえ、日独伊の三国同盟の契《ちぎ》りは双方の遺伝子に受け継がれていたのでしょう。

ただ、ドイツ人というのは日本人に似て勤勉で真面目な民族らしく、遊び心という点では不器用でした。

それに対してイタリア人はまあ明るくて自由奔放です。人生を楽しもうという気持ちが伝わってきます。それはエッチのときでも同じで、組んずほぐれつの肉弾戦と相成るわけです。

また、イタリアと言えばオペラの聖地であり、ベッドの上で彼女の喜びに溢れるコロラトゥーラ・ソプラノを聴けたのも至福のひとときでした。

このお店は銀座や六本木の一流クラブに比べて、半額程度の安さのうえに女性たちのレベルが高いのでいつも盛況を極めていました。週末になると満員御礼で入場できなくなるほどで、行列ができたものです。その後、真似をしたお店が都内の繁華街に何軒かできたようですが、六本木のこのお店を超えるだけのレベルのお店はなかったと思います。

この店の特徴は、単刀直入に「いくら出すから遊ぼう」と口説けることでした。店のママは小太りの日本人でしたが、明るい方で客とホステスが仲良くなるのに口を挟むどころか、「頑張ってよ」と励ましてくれるのです。可愛い娘を席に連れてきてくれることもしばしばありました。

「今日初めてのメキシコの娘だから優しくしてね」

そう言って、紹介してくれるのです。ここのホステスの時給は、他の高級クラブと比較すると決して高くないのですが、それでも働きに来る娘が多かったのは給料が日払いのことと、客層が良いためだったと思います。客を選んだ枕営業が黙認されていたのも大きな理由だったでしょう。

ただし、いわゆる「特攻隊」と称される、客と寝るためのホステスを用意しているクラブとは大きな違いがありました。

特攻隊ホステスを連れ出すには、あらかじめそこのママにお金を渡し、ママはそこから何割かを抜いてホステスに渡しています。厳密に言うなら、これは管理売春の罪に問われる危険性がありますし、彼女たちに客を選ぶ自由はありませんでした。一方、この外国人クラブはピンハネもなく、女性が自由に相手を選べる明朗なものだったのです。

店が終わってからアフターの食事に行き、その後に約束した金額を渡し、割り切った遊びができました。彼女たちの提示する金額も目玉の飛び出るようなものではなく、お小遣い程度の値段で、ソープに行くよりも安いのですから人気を呼んだのも頷けます。

しかし、あまりの繁盛のために同業者たちから妬まれて手入れが入り、閉店を余儀なくされてしまったようです。

CAをナンパする方法

「こんにちは。お綺麗ですね」

褒められて嫌がる女性はいません。しかし、万人が認める美人というのは少ないものです。

不思議なもので、街を歩いている二人連れの女性の場合、双方が美人ということはほぼありません。片方が美人で片方はそうでもないケースが大半なように思います。

それでも、声を掛けるときは双方を褒めなければなりません。

「大きな黒目が魅力的ですね」

「アゴのラインがヘップバーンに似ていますね」

というように部分を褒めるのもテクニックです。すると美人のほうも心を開いてくれるというわけです。

道で声を掛けるのには若い時分の私もかなり躊躇しました。

「声掛け3年、掻き8年」

とナンパ術の指南書に書かれています。

というのは嘘ですが、声を掛けるのはそれほど度胸とタイミングが必要であることは確かです。振られてもいい、声を掛けて振り向いてくれる女性はいるはずだというポジティブな気持ちで、私は75歳の今も日々ナンパに励んでおります。

私は二枚目でもありませんし、体も小柄で女性から見て魅力的な男性であるとは思いません。だからといって指をくわえて黙って見ていたのでは、人生は楽しくないじゃないですか。

誰もが振り返るアラン・ドロンのような二枚目であれば、女性を見つめただけで相手が勝手に恋に落ちてくれるかもしれません。しかし、私のような一般人や、失礼ながら大半の読者諸氏には、そんな奇跡が起こるわけはないのです。テレパシーなんてあるわけないし、日本で古来、言い伝えられている以心伝心というのもまったくアテになりません。

仕事がら私は飛行機で和歌山から日本中を飛び回っております。

南紀白浜空港は便数が少ないので、関空も伊丹空港もよく利用しております。今は違うとは言いませんけれど、一昔前はＣＡのレベルが非常に高く、女優さんやモデルでも充分通用するどころか、それ以上の方々が魅力的な笑顔を見せてくれました。

なんとかＣＡと仲良くなる方法はないものか……。しかし、私は有名人でもないし、誰もが知っている一流企業に勤めているわけでもありません。

仮に「今度食事でも行きましょうよ」と名刺を渡して誘ったところで、ＣＡの皆さんは「鏡を見てから声を掛けろよ」と怒鳴りたいのをグッとこらえて、「ええ、ご縁があったらお願いします」と答えるだけです。

腹の中で嗤われるのが関の山でありまして、渡した名刺は哀れゴミ箱に直行というわけです。

余談ですが、30年ほど前には、飛行機内で搭乗客からもらった名刺に、ＣＡたちが営業のために返事を出す試みもありました。

「先日は弊社をご利用くださいましてありがとうございました。またのご利用をお待ちしております」

彼女たちが会社側から示されたひな形の文章をなぞって書き、もらった名刺の住所に手紙が届くという仕掛けです。いくら名刺を渡す客が下心を持っていたとしても、この程度の手紙で心を動かされることはなく、客のほうもその企みに気づいてしまいます。結局、CAたちにも不評だった試みは、あっという間に消えていったのでした。

特注名刺の威力

チャーミングなCAの胸元にある名札を記憶し、航空会社宛てに手紙を出したところで変人と思われるでしょうし、空港で待ち伏せをしたらストーカーとして警察に通報されかねません。

私は空っぽの頭を絞りました。ことエッチに関する戦略を練ることなら、何時間でも考えることができるのです。学生時代にこの能力を勉学に使っていれば、今頃は博士か大臣にでもなれたのではないかと悔やんでも時すでに遅し。それでも必死になって考えた結果、妙案が浮かびました。特許庁に申請しようかと考えたほどの発明だと自画自賛するモノです。

あれは90年代の初めに、東京から大阪伊丹への最終便に乗ったときのことでした。

飛行機に乗るとき、私はできるだけCAと向かい合って座れる席を選びます。そこはCAマニアたちにとって、最高のファーストシートであり、離陸直前から一定高度になるまで、CAと向かい合って座ることができます。

「いつも大変ですね。お仕事ご苦労さまです」

「いえ、そんなことはありません」

「どちらのご出身ですか？」

あくまでもごく自然に、なんらかの繋がりを見つけるための会話ができるシートなので、鼻の下を伸ばしたマニアたちがこのシートに座るために虎視眈々と狙っているのです。幸運にもそこに座れた私は、離陸前にCAといつものように世間話をしておりました。銀座の高級クラブでは座っただけで5万円というところもありますが、このシートならば、通常運賃だけで美人CAと上品な会話が楽しめます。

そのとき向かい合ったのは、細身なのに出るところはしっかりと出ている遼子さんでした。弥勒菩薩《みろくぼさつ》のような笑顔も素敵です。

「今日は快適な旅をさせていただいてありがとう。今度食事に行きましょうよ」

飛行機から降りるとき、出口に立っていた遼子さんに名刺をさりげなく渡しました。頭を下げた彼女は微笑んで名刺を手にすると、胸のポケットに収めています。ここまではいつものパターンです。どうせ助平ジジイと腹の中では思っていたことでしょう。

空港から大阪市内のホテルにチェックインして、さあクラブにでも行こうかなと考えていたときでした。

「野崎さまでいらっしゃいますか？　××航空の○○遼子ですが」

携帯電話から鈴を転がしたような声が流れてきました。

「ああ、先ほどはありがとうねえ。あなたのような方がいたので本当に快適なフライトでしたよ」

決して驚いたような声は出さず、下心を見透かされないようにゆっくりと喋るのもテクニックです。

「お名刺を拝見して驚いたものですから……」

「いやいや、気になさらないでください」

「そんなぁ〜、困ってしまいます」

ここで種明かしです。

私が遼子さんに渡した名刺は特注品の少し厚いもので二重になっており、表側は普通に名前や住所が書かれていますが、裏側は紙を挟めるように切り込みが入れてあります。遼子さんに渡した名刺の裏の切り込みには、折りたたんだ1万円札を挟んでおいたのです。

「じゃあ、今から食事をしませんか？　またお礼をしますから」

困惑していた彼女にとって「またお礼をします」というフレーズは背中を押す効果があったのでしょう。

「ええ、あまり遅くならないなら……」

彼女の気が変わらないうちに、待ち合わせの店に行かなければなりません。当時の私はすでに50歳を超えていましたが、脱兎の如く部屋を飛び出しました。もつれた足のために廊下で転んでしまい、右手を打撲したけれど、そんなことに構っている余裕はありません。ホテルからタクシーで心斎橋の高級日本料理店に向かいました。

この名刺で私は多大なる戦果を挙げることができました。

もちろん名刺を渡した全員から連絡が来るわけではありませんが、闇雲に渡しているわけではなく、脈がありそうな方に渡しているので、プロ野球で首位打者になれるくらいの打率は挙げていました。

華やかに見えるCAの皆さんでも、自腹では行けそうもない高級料理店で食事をしてアルコールが入れば警戒心はおのずと低くなります。頃合いを見て口説きにかかりました。

このとき、直球勝負をして札束で横っ面を引っぱたくように、

「キミとエッチをしたいから、一晩10万円でどう？」

などと言うのはゲスです。

相手にはプライドがありますので、自分がお金のために私と一晩を共にするというシチュエーションは排除しなければなりません。仮に、本音では現ナマが欲しいとしても面子《メンツ》のために断られてしまうのです。

「一生に一度の思い出として、キミのような方と一晩共にさせてくれませんか？」

私はあくまで下手《したて》に出ます。それでも躊躇している方には変化球を投げるんです。

「そうそう、食事のお礼にブランド物のバッグでもプレゼントしたいけど、あいにく今日は夜も遅いし、明日は朝からボクも忙しい。だから悪いけどキミが自分で買ってくれますか。30万円あればいいかな」

これで大方の相手は頷きます。バッグを買おうが懐に入れようが自由なわけですし、少なくともこのお金は食事のお礼であると、たとえ強引でも自分を納得させることができます。罪悪感を軽減させてあげるわけです。

さて、30万円というのは高いでしょうか？

前述したように、私は高級クラブ依存症にかかっていました。当時のクラブの料金はボトルを入れれば一人10万円近かったと記憶しています。それにやれ同伴出勤だ、食事だ、プレゼントだとお金は羽が生えたように飛んでいくのです。しかも新地の「真美嬢の悪夢」のように、狙ったホステスに土壇場で逃げられてしまうというシェークスピアお得意の「悲劇」が起きてしまうことも珍しくありません。

クラブに3回通って相手と合意したと考えれば30万、40万円という金額は常識外れではなく適正価格だと思います。

世の中には私の感覚に眉を顰《ひそ》める人もいるでしょうが、そのために私は鉄屑拾いから始まって、コンドーム販売、金融業など、さまざまな仕事をして稼いできたのです。夢は人それぞれです。私にはなんら疚《やま》しいことはありません。

以上のような手練手管を駆使して、私は相当数のCAと仲良くなったのです。

秘密を共有する

「あれ？　どこかで見たことがある顔だな」

銀座のクラブで私の席についたホステスを見て首を傾げました。

茶髪をアップにして真っ赤なルージュを引いた唇から白い歯がのぞいています。目鼻立ちがクッキリとした、なかなかの美形です。

「ヘルプの五月《さつき》ちゃんで〜す」

担当のホステスから紹介を受けましたが、どこで会ったのか思い出せません。以前関係があった女性ではないし、ナンパして断られた女性でもなさそうでした。捨てられたことはゴマンとありますが、私が捨てた女性というのはまずいません。私の異常なる性欲に嫌気がさして逃げていく女性がほとんどなのです。

さてさて、一体誰だっけ？

「社長、どうぞ」

五月さんは私がそのように推測していることなど、まったく気が付かない様子でウイスキーの水割りを作ってテーブルに置きました。

「いや、ボクは社長じゃなくて専務だよ」

「そうでしたか、失礼いたしました」

「何にも専務だけどね」

普段ならこんなオヤジギャグをかますところですが、正体がわからない五月さんの前では控えておりました。まるで闇の中で手探りをしているような会話がぽつぽつと出るだけです。

「五月さんは昼にどのようなお仕事をされているんですか？　モデルさんかな？」

「モデルなんかなれませんって。お口がお上手なのですね。単なるＯＬですよ」

五月さんは自分の素顔がバレるのが嫌なのか、口数が少なくなりました。

トイレに立った際、私はいつものように事務所に電話をかけました。

「お疲れさま。どう？　今日の集計は出た？」

「はい、ちょうど終わったのでこちらから電話をしようと思っておりました」

経理の女性と返済が滞っている客の話をしていたとき、突然、思い出しました。印象がかなり違っていましたが、五月さんは確かウチのお客さんで、丸の内にある一流企業のＯＬさんだったはずです。

「五月さん、ボクはこんな会社をやっているんですよ」

他にホステスがいないのを確認して、胸ポケットから会社名が入ったティッシュを取り出しました。五月さんの顔色がさっと変わりました。

「そうでしたか。社長さん、絶対に内密にしてくださいね」

「もちろんです。心配しないでください。それにしても失礼ながらこんなに化粧映えする方だとは思いませんでした」

私が有楽町の事務所で客として面接したときの五月さんは、薄化粧で地味なＯＬだと思っていたのです。秘密を共有するということは親しくなる率が高くなります。私と五月さんが、これを縁に仲良くなったことは言うまでもありません。

ナンパの定番セリフ

ナンパをするのは楽しいと言いましたが、私はワガママなために20代前半から半ばの女性にしか食指が動きません。「JK」と呼ばれる女子高生のように、法律で禁じられている10代の女性とお付き合いをしたいと思ったことは一度もありません。先述したように、女子大生がギリギリのラインです。

それにしても、私が二十歳前後のころには女子大生というのは本当に少なかったものです。学業を極めたい方が大学に進学するもので、女子は大学に行かなくてもいいという風潮があったのも事実でした。ところが、です。今は女子大生などちっとも珍しい存在ではなくなりました。

私は行きませんけれど、女子大生がキャバクラ嬢のアルバイトをしているのもよく耳にしますし、バブル以降は銀座の一流クラブに誰もが知っている有名大学に通う女子大生が出現しはじめました。

さて、ティッシュ配りのアルバイトをしていた女子大生アルバイト、ユキちゃんの話をしましょう。かねてから狙っていたのに、バイトのリーダー、ヒロミさんに邪魔をされてなかなか口説けずにいた彼女です。

「お疲れさまでしたね。さあ、どんどん呑んでくださいね」

いつものようにバイト終わりに、居酒屋の個室に5～6人の女子大生が集まりました。

「ユキちゃん、ありがとうね。お蔭さまで商売は順調だよ」

ビール瓶を持って、ユキちゃんのグラスに注ぎました。

「ありがとうございます。社長さんも一杯どうぞ」

ヒロミさんより1学年下のユキちゃんは背が高く、目鼻立ちがくっきりとしていました。長い髪をポニーテールにしており、清楚な印象の別嬪さんです。経済を学んでいると聞きましたが、学業の話をすると私の知識のなさが露呈しますので、会話がもっぱら下世話なほうに流れるように仕向けるのは当然のことであります。

「将来はどんな方と結婚するの？」

「う～ん、まだわからないですよ」

子鹿のバンビのように小首を傾げる仕草が男心をくすぐります。

「社長、お目が高いですけどユキちゃんに憧れている男どもはたくさんいるんですからね。ユキちゃん、この助平社長に引っかかってはダメよ。いつもエッチばかり考えているんだから」

もはや定番となっているヒロミさんの鋭い指摘に、女子大生たちから大きな笑い声が上がります。それでもめげずに、私はユキちゃんに話しかけます。

「結婚したら、仕事は辞めるの？」

「出勤する旦那さんを送って、あとは子供たちの育児ができればいいかな」

「ユキちゃんは専業主婦がいいんだ」

また、ヒロミさんが口を挟みます。

「彼女はお金持ちの令嬢だから、勤めに出るなんてご両親が反対しているのよ。そんな時代でもないけど、しょうがないわよね。お見合いして結婚のパターンかな」

焼き鳥の串を振り回しながらの解説に、当のユキちゃんも頷いています。

「私、それでいいの。どこかに白馬に乗った王子さまはいないのかな」

「いるじゃないですか。ここに」

私は胸をドンと叩きました。女子大生たちは爆笑しています。

「ユキちゃんは王子さまを探しているのよ。白馬に乗ったオッサンはいらないから。

だいいち、社長は足が短いから馬に乗るのも大変でしょ」

「そうかなぁ」

ヒロミさんのキツイ言葉は相変わらずですが、こうやって親睦を深めることも仕事をしていくうえで大切なことです。本心ではユキちゃんとお近づきになって……とわずかな希望を抱いていたのは事実ですが、彼女のようなお嬢様が私に興味があるわけはありませんでした。

ユキちゃんのような特別な箱入り娘に対しては白旗を掲げてしまったものの、他にも女子大生はいましたのでなんとか戦果は挙げることができていました。

しかし、男というのは女々しいもので、逃がした魚をいつまでも追いかけてしまう生き物です。ただ、ユキちゃんは最後まで振り向いてはくれませんでした。

そのときの悔しさがあるからかもしれません。私は今でも積極的に女子大生に声を掛けるようにしています。

貸金案件で裁判所に行く機会も多いのですが、たとえば埼玉県川越市の裁判所に行く場合には、都心からクルマではなく電車で向かうことにしております。東武東上線の車内には女子大生が多く乗っているからです。

背が高くてグラマラスな私好みの女子大生を見つけては、こう語りかけるのです。

「ハッピー・オーラ、ハッピー・エレガント、ハッピー・ナイスボディ。あなたとデートしたい、エッチしたい……」

定番のナンパのセリフです。

「何、このジジイ？」

大部分の女子大生には無視されるか、露骨に嫌な顔をされます。

「お付き合いをしてくれたら40万円あげるよ」

無視していた女子大生も数字を囁くと表情が変わります。脈ありの女子大生に例の魔法の名刺を渡せば、携帯電話に連絡が入ってくるという寸法です。

消えた銀行支店長

何度も繰り返しますが、東京への進出は大成功でした。

配っていたティッシュには田辺と東京の事務所の電話番号を記していましたので、お客様からの電話がひっきりなしにかかってきていたのです。大きな声では言えませんが、月の儲けが1000万円以上というときもありました。

連絡が来たお客様には住民票や印鑑証明書などの必要な書類の取得を伝えて、毎週私が東京に行ってお客様と面談をし、その場でお金を貸し付けするという生活を送っておりました。東京で暮らすことも考えたのですが、地元で仕事を任せられる番頭格の人材を見つけられなかったし、面談することを他人任せにできない性分でしたので、すべて私が契約にタッチしていたのです。

東京では銀座のホテル西洋を定宿として商談を進めていました。ホテル西洋は現在は閉館してしまいましたが、当時は日本一のホテルと称されており、エリザベス・テーラーが来日した際に招聘元が帝国ホテルを予約していたにもかかわらず、彼女が自腹でホテル西洋に宿泊したことでも話題を呼んだものです。それほど海外では名声が高かったホテルだったのです。ピアニストのブーニンが1年近くも住んでいたことでも有名です。確か当時の世界ホテルランキングで、日本で唯一ベストテンに選ばれていたほどの名ホテルでした。

コンシェルジュというシステムを日本で初めて採用したのがここでして、航空券や列車のチケットも取ってくれましたし、劇場やプロ野球の入手困難なチケットも取得してくれました。美女の紹介がなかったのは残念でしたが……。

このホテルはホテル側が宿泊客を選ぶという珍しいもので、過去の宿泊者の紹介とか身元がはっきりしている必要がありました。誰でも宿泊できるというホテルではなかったのです。そこを定宿にしていることは、大口の商談相手からの信用を得ることに役立ったと思っております。77部屋しかない小さなホテルで、1泊10万円近かったと思いますが、落ち着いた雰囲気を今も懐かしく思い出します。

「これでよろしいでしょうか」

ホテル西洋の喫茶店で向かい合っていたのは、紺色のスーツに身を包み、銀縁の眼鏡をかけた痩身の井上さんでした。

「これ、本当ですか？」

貸金の申し込み書類に目を通していた私は、書類から顔を上げて井上さんの顔をまじまじと見てしまったのです。

「ええ、お恥ずかしいですけど、なんとかなりませんでしょうかね」

七・三に分けた白髪交じりの髪に手をやっています。貸金業を20年近くやっていましたが、こんな経験は初めてのことでした。

「A銀行〇〇支店長」

申し込み書類の職業欄にはそう記されていたのです。A銀行は地銀でしたが、その下町区域にある支店の支店長が井上さんだったというわけです。融資希望額欄には300万円とありました。

「ウチの融資の場合には行員であっても審査が厳しくて、詳細を根掘り葉掘り訊かれますのでね。ボクも昇進がかかっておりますから無闇にお金を借りることはできないんです」

「なるほどですね」

「社長のところは無担保でお借りできると耳にしましたので、なんとかお借りできるかなと思いましてね」

　銀行の支店長でも急なお金が必要な場合があるのだろうと納得しました。見た目もスマートで、さすがに銀行員だけに必要書類に不備もなく、完璧に揃っています。免許証のコピーで顔は確認できましたが、それでも念を入れるために翌日銀行の支店に電話連絡を入れて井上さん本人と確認できればお金を振り込む約束をしました。

「まさか銀行の支店長から融資の申し込みが来るなんてことがあるとは思いませんでしたね」

　東京で仕事を手伝ってもらっているK子さんも驚いたように書類に目を通していました。K子さんは私と同郷の方で、六本木で暮らしていましたが、シングルマザーで、子育てには何かとお金がかかるからと仕事を手伝ってもらうようになっていました。美人というわけではありませんが、40代半ばで愛想もよく、東京での私の右腕になってくれていたのです。

「A銀行○○支店です」

翌日になって私が○○支店に電話を掛けました。

「有楽商事ですけど、支店長さんはおられますか？」

お客様に迷惑がかかるといけませんので、貸金業の名前を出さないのは鉄則であります。有楽商事も適当に思いついた名前です。

「あっ、支店長さんのお名前はなんでしたっけ？」

電話口の女性行員にとぼけて尋ねました。

「井上支店長ですか？」

これで支店長が井上さんであることが確認できたわけです。しばらくすると男性の声がしました。

「これは社長、昨日はお世話になりました。例の件、よろしくお願いします」

声も同じですし、昨日のこともきちんと喋りましたので、私は井上さんの口座に300万円を振り込みました。

「社長、井上さんからの返済がありませんけれど……」

約1ヵ月後にK子さんから報告がありました。

「じゃあ、電話で催促してくれるかな」

気軽にＫ子さんに頼みました。銀行員、しかも支店長ですから約束を破ることなどないと、私はすっかり井上さんのことを信じていたのです。

「井上支店長は退職したそうです」

Ｋ子さんから信じられない報告が来たのは、その直後のことでした。私と電話で話した翌日に、井上支店長は退職したというのです。

零細業者の意地

「そんな馬鹿な、本当か」

「ええ、銀行のほうは退職したの一点張りです」

Ｋ子さんの表情もすぐれません。支店長という地位を投げ捨てて退職したということは何かしらの事情があるわけです。私は携帯電話を摑んで支店に連絡を取り、退職の事情を聞こうとしました。

「お宅様とは関係がありませんので」

銀行側に退職理由を尋ねても、すげなく断られてしまいました。

「私は井上さんにお金を貸しているんだ」

そう主張したとしても、法律上、私が銀行側にお金を請求できるわけもないので黙るしかありません。

住民票にあった住所は荒川区内の小さなマンションでしたので、私は出かけていきました。

「井上さんはおられませんかね」

「もう引っ越されて半年以上経ちますよ」

マンションの隣の方から聞き込んで呆然としました。

井上さんのマンションは賃貸なので担保はありませんし、今さら担保になるような不動産を見つけることもできません。差し押さえるものがないのです。

本来なら面倒臭いし費用もかかるので、逃げた客の追跡調査はしないのですが、余りにも鮮やかに騙されてしまった悔しさで、懇意にしている興信所に依頼をしました。

「どうやら女にも貢いでいたし、別居していたカミさんとも離婚したようです。銀行にも焦げ付いている金があるようですし」

興信所の報告を聞きながら、なんとかお金を取り戻せないかと私は思案しておりました。

「なんとかなりませんでしょうか?」

A銀行の本店で小太りの担当役員と向かいあった私は下手に出ました。

「そんなことを言われましてもねえ。電話でもお伝えしたようにウチに責任がないことぐらいご理解されていると思いますけれど……」

言葉遣いは丁寧ですが、役員の胸のうちでは、吹けば飛ぶような貸金業者など小馬鹿にしているに決まっています。

「井上さんは銀行にも穴を開けたらしいですね」

「そんな報告は受けていませんけれど……。つまらない噂話でしょう」

役員は余裕綽々《しゃくしゃく》で一笑に付します。

「そうですよねえ。もしそうだったら金融監督庁(当時)への報告が必要ですもんね」

「まあ、そうですけど……」

「わかりました。お時間を取らせてしまい申し訳ありません」

ソファーから腰を浮かした私を見て、役員は安堵したようです。去り際、私はこう言いました。

「もう少しご理解くださると思いまして、足を運んできたのですが、どうやらダメみたいですね。警視庁に井上さんを刑事告訴することにします。支店長が刑事告訴されたとなれば、金融監督庁も興味を持つかもしれませんね」

「ちょ、ちょっと待ってください。刑事告訴するんですか？」

形勢逆転です。銀行にとって300万円など鼻紙みたいなもので、それより監督官庁のほうが怖いのは常識です。やはり井上さんは銀行にも焦げ付きがあったようで、銀行は金融監督庁への報告義務があったのにそれを怠っていたわけです。何か別の件も絡んでいたのかもしれませんが、そんなことに首を突っ込む必要はありません。私は井上さんへの貸付金を無事に取り戻して、この問題にケリをつけたのです。

金貸しに「情」は不要か

井上さんのような銀行の支店長が借りに来たのは大きな驚きでしたが、他にも印象に残っているお客さんがいます。

「3000万円ですか？」

融資希望額欄を見て、思わず相手の顔を見ました。

初めての客にこんな高額な融資をすることはまずありません。しかも、担保を取らずに3000万円を融資するなんて、できるわけがありません。

黒縁の眼鏡にスーツ姿の頭の良さそうな大崎さんが差し出した書類の職業欄には「医師」と書かれていました。彼は世田谷区内の開業医だったのです。

「病院の建物も土地も担保に入っているんです。銀行の融資枠は全部使っておりまして、融資を受けられるところがないんです。なんとかなりませんでしょうか」

2月なのに、大崎さんの額にはうっすらと汗が滲んでいました。

「お金の使い道をお伺いしてもよろしいでしょうか？」

100万円程度の貸し付けであれば、金を何に使うのかという質問はしません。前にも述べましたように、どうせ本当のことは言わないでしょうから聞くだけ時間の無駄なのです。

「実は医学部に合格した次男の入学金が必要でして……。5年前に長男が医学部に合格したときは、なんとか入学金や学費も工面したのですが、次男までは手が回らないんです。デキの悪い次男がやっと医学部に合格したのに。明後日までに入学金を振り込まないと合格取り消しになってしまうのです」

私は大崎さんの話を聞きながら腕組みをしておりました。この話を信じるにしても、担保なしに3000万円というのは危険すぎます。

「わかりました」

そう言うなり、私は世田谷区内の大崎さんの自宅兼医院に一緒に向かったのです。

「社長さん、本当にお願いします。2浪してやっと合格したんです。医学系の予備校代も高くて脛《すね》をかじられっぱなしで。合格したのはいいけれど、付き合いのある銀行からまさか融資を断られるとは想像していませんでした。以前は『借りてください』と揉み手で近寄ってきたのに、本当に必要なときに限って……」

品の良さそうな大崎さんの奥さんが、自宅の応接間で涙まじりに頭を下げました。テーブルの上には息子さんが合格した医大の入学書類が載っています。

ひとしきり夫婦の話を聞いたところ、話自体は本当のようです。私はすぐに検討すると言って、いったん大崎さんと別れました。医院の評判を調べるためです。

普段ならそこまでしませんが、コンドーム訪問販売で鍛えられていますので聞き込みはお手の物です。その足で医院の近所を回って情報を集めました。

その結果、大崎さんは明治時代から医者の家系で、地元での人望も厚いということがわかりました。せっかく開業医となり、設備・機材にお金をかけたとしても跡継ぎがいなければ無駄になってしまいます。自分の子供たちをなんとしても医者にさせようと必死だったそうです。医者に世襲が多い理由を垣間見た気がしました。

「どうするんですか?」

いったん事務所に戻ると、K子さんが聞いてきました。

「あなたはどう思う？」

普段は周囲に相談することなく、自分の考えを通してきましたが、さすがにこのときは悩みました。

「最終決断は社長ですので……。社長が火の粉を被るような役回りになりそうで心配ですけれど、人助けをしてあげたい気持ちもあります」

大崎さんは銀行にも相談に行ったのに冷酷に断られたわけです。担保がないのですから銀行のマニュアルでは融資してはいけない案件だったのでしょう。銀行の立場もわかりますが、入学金納付の締め切りは明後日に迫っています。

「金貸しは情を持ったらアカン」

同業者たちはそう教えてくれました。３０００万円を融資して焦げ付いたら、被害を受けるのは私です。相当な被害額ですが、それですぐにわが社が傾くほどの額でもありません。すでにそれくらいの資本は蓄えておりました。

熟慮の末、私は机の上の携帯電話を手にしました。

「大崎さん、融資をしますので息子さんが立派な医者になられるように祈っております」

「……社長、この御恩は一生忘れません」

大崎さんの喜んでいる涙声が今でも耳に残っております。その後、時間はかかりましたが彼は契約を守り、すべて返済してくれました。

「社長のお蔭です。息子も医者になって頑張っています」

大崎さんとは現在も交流が続いています。もちろん顧客としてではありません。東京で会うたび、大崎さんは当時のことを振り返っては、自分のことを立ててくれるのです。

第7章　人生、山もあれば谷もあるさ

雨のティッシュ配り

朝夕のティッシュ配りでは、女子大生アルバイトたちと一緒になって毎日路上に立ちます。女子大生の他に女性社員たちも動員していました。こういうことは雨が降ろうが雪が降ろうが、それこそ槍が降ろうが「絶対にやる」という気持ちで続けることが大切です。

朝の通勤時間帯、雨が降る丸の内界隈でティッシュ配りをしていた私は、手持ちのティッシュがなくなったので、大箱が置いてある駅近くのビルの前まで追加のティッシュを取りに行きました。一応、傘は差しておりましたが、高級スーツもネクタイも雨で濡れています。

「おい、何をしてるんだ？」

「社長、こんな雨ですから、ちょっと休んだほうがいいですよ」

社員やアルバイトたちが、ビルの下で雨宿りをしていたのです。それを見て頭に血が上りました。

「あのな、お客さんは、こんな雨でもティッシュ配りをして大変だな、と思ってくれるんだ。それだけ相手にアピールできるのに、休むなんてお前らアホか」

これはコンドーム販売のとき、まさに体で覚えた商売の鉄則です。雨や雪など、みんなが外に出たくないと思うような日に訪問販売をすれば、必ず普段より売れました。

実際、ずぶ濡れの私がティッシュを差し出すと、いつもより多くの人が受け取ってくれます。苦労して配っているのが相手に伝わることが大きいのです。

ただ、社員もバイトも雇われている身ですから、そこまでしようとは考えません。だから社長である自分が率先して大変さを見せなければ、商売というのはうまくいかないものなのです。

簡単そうに見えるティッシュ配りですけれど、あれにもコツがあり、相手の胸元に差し出すほうが受け取ってくれる確率が高くなります。しかし、何人にも続けて無視されて受け取ってもらえないこともあるわけで、心が折れたりやる気を失ったりしてしまうバイトや社員もいました。私は慣れているので、無視されてもなんとも思いませんが、こんな事件が起きたこともあります。

香奈ちゃんというのは20代半ばの女性社員で、命じた仕事をそつなくこなす優秀な方でした。彼女はティッシュ配りでも貴重な戦力で、他の人たちのほぼ半分の時間で配り終えてしまうほどです。

「社長、香奈ちゃんは優秀ですよ」

「そうかね」

アルバイトも含めた慰労の席で、香奈ちゃんに熨斗袋《のしぶくろ》に入れたご褒美を渡したこともあります。

「おめでとう」

アルバイトさんたちから拍手を送られ、香奈ちゃんは自慢げに頬を緩めていました。私も何度か彼女と一緒にティッシュ配りをしましたが、慣れている私よりもいつも断然早く配り終わるのです。彼女が特別可愛いので、助平サラリーマンが競ってティッシュを受け取っているというわけでもありません。

私は不思議でした。なぜ、あんなに早く配り終えられるのか。彼女の配り方に秘密があるようにも見えません。もしかしたら、配っているふりをしてどこかに捨てているのではないかとも思いましたが、それらしい痕跡は見つかりませんでした。

そこで私は信頼している女性事務員に頼んで、香奈ちゃんのティッシュ配りを密かにチェックしてもらうことにしました。すると、とんでもないことが判明したのです。

香奈ちゃんはティッシュ配りの最中にトイレに入ると、デパートの紙袋にティッシュを詰めていきます。すると彼氏らしき男が現れ、その紙袋ごとどこかに持って行ってしまうのです。彼氏が来られないときは、郵便ポストに次々とティッシュを放り込むこともあったといいます。

「あんなティッシュ配りのために、この会社に勤めたんじゃないんです」

事実を突きつけても、香奈ちゃんは自分の非を認めないどころか、ティッシュ配りなどくだらないと居直り、最後まで謝らずに退社していきました。

目端が利いて小賢しい者より、多少は不器用でもコツコツと頑張る者のほうが、遠回りでも結果的には上手くいく。私はそう信じています。

身の丈を知る

商売では厳しいところもある私ですが、貸金業で全国制覇しようなどという考えは東京進出当初からまったくありませんでした。一方、90年代半ばになると、武富士などの大手消費者金融会社は各地に店舗を出し、拡大路線をひた走っていました。

「社長は武富士を抜く気なんでしょう？」

知人からよく聞かれました。

「いえいえ、私は自分が自由にエッチできる資金があればいいんですから」

「本当ですか？」

疑わしい目つきをする知人は、いくら私が力説しても信じてくれません。そのころには金融業を筆頭に、不動産業、酒類販売業、梅干し販売に加えて、株取引などでも億単位のお金を運用していました。確かに周りから見れば羨ましい生活に見えたでしょう。ただ、そういう人たちは私がかつて関西で裸一貫からコツコツやってきたことを知りません。いきなり大金持ちになったかのように思われるのですが、今でも商売をコツコツやり続けているだけなのです。

もちろん、儲け話は好きですから、どうにかして儲けを増やそうとしたことはあります。たとえば、霞が関でのティッシュ配りで金融業が軌道に乗った後、消防署の周囲とか防衛庁（当時）の周りでも同様のことをしてみました。同じ公務員だから、うまくいくのではないかと考えたのです。また、埼玉や神奈川の県庁周辺でもティッシュ配りをしたことがありました。どちらも大量のアルバイトを使って経費をかけたのですが、そのわりにはたいした成果が挙がりませんでした。

やはり東京の官庁街というのは日本一ですし、わりあい狭い地域に密集しているので効率もいい。本当に金貸しにとって、これ以上ない場所だったと今でも思っています。

武富士とかアコムなどの大手さんは儲けは莫大だったでしょうが、従業員が会社の金を持ち逃げしたり、不良債権が溜まったりとそれなりの苦労もあったはずですので、私は自分の会社の業績に満足しておりました。

道行くスーツ姿の人たち一人ひとりに頭を下げ、相手の胸元にティッシュを差し出す。単純作業の繰り返しですが、何の苦にもなりません。交差点で信号待ちをしている方々にティッシュを受け取ってもらえれば、次はどこで、どのタイミングで渡せばもっと手に取ってもらえるだろうかと考えたりもします。

そうやって、細かいことを考えては行動に移しているから、毎日ティッシュ配りをしていても飽きることがなかったのでしょう。

交通事故とマルサ

貸金業の売り上げも順調に伸びていた94年のことです。

その日、私は銀座界隈でティッシュ配りをしておりました。小走りで交差点を渡りかけた背広姿の中年男性にティッシュを渡そうとしたところ、ちょうど追いかけるような形になり、交差点に少し飛び出す格好になってしまいました。

そこにタクシーが勢いよく左折してきたため、私は運悪く巻き込まれてしまったのです。

下半身がタクシーの下敷きになり、アルバイトの女子大生たちから悲鳴が上がります。ヤジ馬も群がってきました。すぐに女子大生たちが救急車を呼んでくれ、中央区明石町の聖路加国際病院で緊急手術です。

右足の複雑骨折に加え、右腕と肋骨も折れており、全治3ヵ月の重傷でした。今でも右足にはボルトが入っているため、歩くのには多少時間がかかります。

人生で初めての大事故でしたが、これが立て続けに起きる不運の始まりだとは、当時の私には知る由もありませんでした。

交通事故のリハビリも終え、相変わらず田辺と東京を往復していました。

南紀白浜空港から羽田に向かう朝の飛行機に搭乗者は少なく、大体が観光客と相場が決まっています。私はいつものようにCAさんと向かいあうシートに腰を下ろし、彼女との会話を楽しんでいました。

銀縁の眼鏡をかけた若いスーツ姿の男と、年配の目つきの鋭い男が私の後ろの座席に座っていました。どう見ても観光客には見えず、少し違和感を覚えましたが、そのときはただそれだけでした。

有楽町の事務所に顔を出し、書類をチェックして夕方のティッシュ配りを手伝うと、あとはクラブに顔を出すだけです。

「また、いらしてくださいねー」

夜11時過ぎに店を出た私は、心躍らせていることを悟られないよう、あえてしかめっ面でタクシーに乗り込みます。実は交渉の結果、長いこと口説いていた瑠美ちゃんがやっとホテルに来てくれることになったのです。肉感的な瑠美ちゃんは私のストライクゾーンど真ん中でしたが、なかなか首を縦に振ってくれず、難攻不落の要塞のようでした。それだけに、私はホテルに戻る最中から、すっかり有頂天になっていました。

その夜の様子を事細かく語ることは控えますが、満足感を得た私は瑠美ちゃんを見送るために部屋を出ました。

薄暗い廊下を歩いているとき、銀縁眼鏡のスーツ姿の男とすれ違いましたが、妙に顔を背けていたのが気になりました。記憶を辿ると、今朝の飛行機で私の後ろに座っていた男にそっくりです。

瑠美ちゃんを見送り、部屋に戻った私は興奮の余韻に浸りながら眠りにつきました。

「ピンポ〜ン、ピンポ〜ン」

チャイムの音に気が付いたのは何時間後のことだったでしょうか。ベッド脇の時計を見ると、まだ朝の6時前です。白いバスローブを着た私がドアスコープを覗くと、例の銀縁眼鏡男がこちらを睨んでいます。

「国税です。開けてください」

青天の霹靂《へきれき》と言いますか、まったく予期してもいなかったマルサの登場でした。

「そのまま動かないでください。お荷物はこれだけですか」

寝ぼけ眼で髪の毛もボサボサの私は、部屋に入ってきた5人ほどの査察官を前に黙っているしかありません。

ホテルの部屋の捜索を終えて、今度は有楽町の事務所に向かいました。私がカギを開けると査察官たちがいっせいに部屋になだれこみます。確か女性の査察官も交じっていました。

「そこに腰掛けていてください」

書類の多くは田辺の事務所に送っているので、ワンルームの事務所を捜索するのに時間はそれほどかかりません。査察官は書類などが入っているキャビネットや書類ケースを手際よく丹念に調べています。

「どこかに、お金を隠していませんか？　最初から供述すれば心証は良くなりますよ」

言い方は丁寧ですが、目つきは完全に私のことを疑っています。

「そんなものありませんよ」

不貞腐れたように答えます。

「金庫のカギを持っていますよね」

素直にカギを差し出すと、査察官は金庫の中を調べだしました。

「他にはありませんか？」

査察官たちが焦っているのがわかりました。

「何もありませんって」

後で知ったことですが、マルサは私が財産を隠し持っていると見当をつけて踏み込んできたものの、隠し財産も他人名義の通帳も発見できずに困っていたのです。

「係長、ちょっと来てください」

キャビネットを調べている部下の声で、私の顔色が変わるのを見た上司は、嬉しそうにキャビネットに近づいていきます。きっと隠し財産を見つけたと思ったのでしょう。

「社長、コレは一体何ですか？」

キャビネットの前には外国のポルノ雑誌が数冊。すべて金髪オールヌードの無修正版でした。私が百科事典のケースの中に隠しておいたのを見つけられてしまったのです。

「見たとおりのものですよ」

まるで、いたずらを見つかった少年です。ただ無修正のポルノ雑誌を所持するだけ

では法律違反にはなりません。

「どこで手に入れたんですか？」

「銀座の通りに落ちていたのを拾ったかもしれないし、ホテルで知り合った外国人に

もらったのかもしれません」

査察官たちは捨てゼリフのように言いました。

「まだ社長の嫌疑が晴れたわけではありません。他でも家宅捜索はしていますから。

六本木のK子さんの自宅も調べています」

「エッ？　なぜK子さんのところに？」

「K子さんというのは社長の愛人でしょ」

すでに説明したように、彼女は一回り年下の同郷の方で、東京の事務所で経理など

を手伝ってもらっておりましたが、愛人という関係ではまったくありません。マルサと言っても、ずいぶん適当なものだと実感したものです。

優良納税者の証

のちにK子さんから聞いた話も傑作でした。

私がホテルでマルサに踏み込まれたのとほぼ同時刻に、彼女の六本木のマンションにも査察官たちが乗り込んできたようです。こちらも男4人、女1人の5人組でした。ただならぬ雰囲気に驚いたマンションの住人は暴力団の出入りか何かに違いないと警察に連絡、早朝からパトカーのサイレンで大騒ぎになったそうです。

査察官が自宅に入ってきたとき、シングルマザーのK子さんは、小学5年生の娘さんが算数の宿題をしているのを見てあげている最中でした。通学前の慌ただしい時間帯です。

「ちょっと待ってください。娘は宿題をして、これから学校に行かなければならないんです」

彼女がそう訴えると、女性査察官が娘さんの宿題を見てくれた挙げ句、一緒に手を引いて小学校まで通学に付き添ったといいます。

こちらの査察でも結果は同じでした。

「あなたは社長の愛人なのでしょう」

K子さんもそう言われたそうです。

「なんで私が社長の愛人になってしまうんですか。社長の好みは背が高くてナイスボディの娘なんですよ。それに私にだって選ぶ権利というものがありますから」

彼女が口を尖らすと、緊張していた空気が和んだといいます。仰る通り、彼女の身長は私よりも低く、失礼ながらコンドーム販売のお相手になった農家のおばさんタイプです。欲のない正直な方で、町会議員だった彼女の父親のことも知っていたので信用していましたが、お互いに男女を意識するようなことはまったくありませんでした。

「あのね、ウチの社長は財産を隠すなんて器用なことはできないんです。だって頭の中の半分以上はエッチなことしか考えられなくて、好みの女の子には見境なくお金をつぎ込んで騙されているんですから」

よせばいいのにK子さんは私の本性をマルサにも暴露してしまいました。それを聞いてマルサは、自分たちが狙っていた社長というのが、極悪非道な貸金業者ではなく、異常に助平なオッサンであることを知るのでした。

しかし、マルサが見当はずれの査察をしたとあっては面子が潰れます。この辺りの事情は中小企業の社長さんたちはご存知のことでしょう。マルサまでいかなくとも、定期的に税務調査に来る税務署員に対して、たとえ不満があっても修正申告に応じることはよくあります。彼らだって手ぶらで帰れないので、見解の相違ということにして手土産代わりにいくばくかの金額を納めるのです。こうすれば双方が丸く収まるという現実があります。

マルサは東京だけでなく、田辺の自宅や会社にまでやってきて片っ端から調べていきました。その後、私は検察に呼ばれました。

「あなたが本当に社長なの？」

私と会った検察官は首を傾げました。貸金業の社長はアクも押しも強そうなイメージがあったのでしょう。それなのに目の前に座っているのは、小柄で腰の低い男です。検察官は私を名義だけの社長ではないのかと追及してきます。失礼な話です。

「正真正銘、私が社長です」

どうやら私の会社が暴力団のフロント企業ではないかと疑っていたようですが、検察が金の流れを調べたところ、ヤクザのヤの字も出てこず、疑いは晴れました。

私は取調室でコンドーム屋から身を起こしたこと、和歌山で貸金業をして失敗しそうになったこと、起死回生を求めて東京に舞台を移したことなど、こと細かに説明しました。それもこれも素敵な女性とエッチをするためだと言うと、検察官はもちろん、横で私の供述を書き取っていた事務官も爆笑しておりました。

会社の経理は最終的に会計事務所に任せていましたので、私には脱税をしているという感覚はありませんでした。しかし、前述したようにマルサが手ぶらで帰るわけにはいかないのも理解していました。一般的に2億円以上の脱税になると実刑を食らうことがほとんどです。おそらくマルサが出てきたということは、それ以上の脱税をしていると見越してのことだったのでしょう。

経費として認めるかどうかという見解の相違や、複数の会社を経営していてどんぶり勘定になっていた部分もあり、最終的に2億円弱の脱税を認定され、6000万円ほどの罰金を納めることになりました。実刑ではなく執行猶予処分です。

反省すべき点は反省し、これ以後は税務署に迷惑をかけたことはありません。

会社の事務所には現在、「優良申告法人」として認定された際にいただくステッカーが、これ見よがしにベタベタと貼ってあります。

強盗に襲われる

交通事故にマルサの調査と続いた不運の連鎖は、まだ終わりませんでした。

「おい、コラ、ちょっと来い」

目つきが鋭い若い男に声を掛けられたのは、眩しい太陽が照りつける97年8月の真昼のこと。場所は田辺にある自宅近くの住宅街でした。

明治時代のお巡りさんじゃあるまいし、「おい、コラ」と見も知らぬ者から声を掛けられて喜ぶヤツなんていません。突然の事態に、私は手にしていたバッグを胸に抱え込むようにして、凍り付いてしまいました。バッグの中には８５０万円の札束が入っており、目の前の男はそれを狙っていると直感したのです。

どうして私が札束入りのバッグを持っていることを知っているのだろうか？　頭の中で疑問符がぐるぐると回っています。私は会社から自宅に戻る際、近所ということもあって毎日バッグに金を入れて持ち帰るのが習慣になっていました。

「金だ。金を出せ」

そのセリフで、やはり相手が強盗だとわかりました。強盗に襲われるというのは映画とかドラマではよくあるシーンです。

こんなとき、肝が据わっている方なら「面白いじゃないか。盗れるもんなら盗ってみろ」と啖呵の一つも切れるのでしょうが、小柄で押しの弱い典型的な小市民である私は、声を上げることさえできなかったのです——。

今からもう20年近く前になりますが、私が経験した強盗事件について振り返ってみましょう。

前にも述べたように私は朝が早く、夜が明けると愛犬と散歩に出かけ、従業員が出勤する前に出社する毎日を送っています。田辺にいるときは、このパターンをもう40年ほど続けているわけです。

玄関やトイレ掃除を済ませて書類仕事をしていると、従業員たちが出勤してきます。夜に備えて、だいたい午前中には仕事を終えるのですが、これもすでにご説明したとおりです。自宅は住宅街の一角にあり、それほど人通りが多いというわけではありません。

その日もいつものように仕事を終え、会社から歩いて2～3分の自宅に戻るところでした。自宅脇の月極駐車場に停めてあった車の陰から、男が飛び出してきて大きな声を上げたのが先のシーンです。

私はいつも長さ1メートル近くもある横長の大きなバッグに現金を入れて持ち運びます。会社にも金庫がありますが、急な用事ができた折には夜中でも自宅から商売相手のところに行かなければならない事態が起きるからです。

資金繰りに困っている会社は喉から手が出るほど現金に飢えています。不動産取引などでも同じで、目の前に帯封がついた現ナマを積み上げていくと相手の表情が変わります。現ナマの威力で物件を安く買うことができるのです。

これは中小企業の経営者の方々なら誰もが経験しているのではないでしょうか。手形決済が銃弾とするなら、現ナマはミサイルくらいの威力を発揮します。

「それを寄越せ」

賊は迷わず大きなバッグに手をかけました。

そのとき、ほんの一瞬、日清戦争の木口小平《きぐちこへい》のことが頭に浮かびました。古い話で恐縮ですが、木口はラッパ手として戦場で突撃ラッパを吹く兵隊でした。突撃する兵隊の前でラッパを吹いていた木口に弾が当たって亡くなるのですが、彼はそれでもラッパを口から離さなかったという言い伝えであります。

どうせ戦意高揚のために後で作られた話でしょうが、私のような世代は木口のことをよく耳にしていたものです。

その木口を見習って、このバッグを離してなるものかという気分になりました。もちろん怖くて仕方ないのですが、自分や従業員たちが稼いだ金を奪われることに対する怒りのほうが大きかったのです。

「こら、離せ」

賊の左手がバッグの把手《とって》を摑んで引きはがそうとします。バッグを抱いた私は「ヒィ」と情けない声を上げながらも、路上の綱引き合戦は続きました。それは1時間にも2時間にも感じましたが、実際には1分もなかったかもしれません。

どうしてもバッグを奪えない犯人は、ナイフを突き付けてきました。刃渡りは20センチほどあったと思います。賊も必死です。躊躇なく突き出してくるナイフを後ずさりして何度か避けたものの、それが最後の抵抗でした。

キリを差し込まれたような痛みが左足の付け根に走り、次の瞬間には地面に倒れてしまったのです。結局、バッグも奪われてしまい、たまたま通りかかった方が呼んでくださった救急車で病院に運ばれました。

「刺されたところがもう少し上だったら金玉直撃だったな」

意識が戻った後、外科の先生が漏らした言葉をはっきりと覚えております。

後ずさりしながらだったためナイフは左足の付け根に刺さりましたが、もし動いていなければ、文字通り「急所」を刺されていたというのです。

ナイフで切られた金玉が袋からこぼれ落ちるのかどうかは知りませんが、そうなればエッチを楽しむどころではないでしょう。

私は江戸時代のお殿様のように大奥を作って、女性たちをはべらすのを究極の目標としているような馬鹿者です。金玉直撃を免れたことは、なによりもありがたいことでした。

神様に感謝！

強盗致傷ですから大事件の少ない田辺の警察も張り切って捜査をしてくれましたし、新聞記事にもなりました。

「社長は恨まれているんだろ」

取調室で警官がしれっと言います。襲われるような心当たりがあり、あなたには犯人の目星がついているのだろう、というニュアンスでした。

自分の人生を振り返ってみて、他人さまに褒められるようなことがないのは認めます。一般的に金貸し業が、恨みを買いやすい仕事であることも事実でしょう。ただ、何度も述べたように、私はあこぎな取り立てはしてきませんでした。だから恨まれているという意識はありません。しかし、一方的な逆恨みというものもあるわけです。

「恨まれているって、皆さんと同じ程度じゃないですか？」

「いやいや、金貸しというのは恨まれるものだよ」

警官の言葉にカチンときました。金貸しならみんな恨まれて当然という言い方です。私をはじめ従業員たちの仕事を馬鹿にされたも同然です。

「社長、ホンマは誰に恨まれているんや。想像はついているんやろ」

「そんなのわかりません。逆恨みは別にして、商売上のトラブルなんてありません」

「そんなことないやろう。じゃあ債権の取り立ては誰に頼んでいるんや？」

「ウチは従業員自ら、汗水垂らしてやっています」

当時、田辺の事務所には5人の女性従業員を雇って、少数精鋭で仕事に励んでいました。女好きの私が雇ったのですから、ベテランの経理の女性を除けば、従業員は美人揃いだと自負していたものです。彼女たちに強引な取り立てなどできるはずもなく、せいぜい返済を求める手紙を入れたり、電話で返済を催促する程度だったのです。

「ふーん。それで回収できるのか？　こっちにも頼んでいるんやろ」

警官は頬に人差し指を当てました。金貸しの背後には暴力団がいると決めてかかっているのです。

「そういう人たちとの付き合いはまったくありません」

いくら説明しても、警察は信じてくれません。被害者なのにまるで私にも落ち度があるといった調べ方に憤慨したものです。

私は同業者から、「取り立て方がスイーツのように甘い」と嗤われてしまうほどのヘタレです。お金に執着心があるのは事実ですけれど、お金を貯めこむのが目標ではなく、エッチをするための軍資金として必要なだけです。そこが他の同業者とは大きく異なっていると思います。

事件からひと月ほどして犯人は逮捕されました。30代の山口組系の暴力団員で、やはり私とは一面識もない男でした。この男は私の会社で働いていた従業員のヒモで、私が毎日バッグに多額の現ナマを入れて持ち運んでいるのを知って、襲ったというのです。

その従業員も街を歩けば男たちが振り向くような美人でしたが、会社にはいろんなタイプの美人を採用しており、彼女は私の好きなタイプとは違っていました。だから彼女を口説いたこともなく、私との間にトラブルはありませんでした。まさか彼女がヒモの男と組んで、私を裏切るなどとは想像もしていなかったのです。

容姿にばかり目が行き、人を見る目がなかった私の失敗です。

今でも左足の付け根にはそのときの傷痕がくっきりと残っております。その傷を見るたびに自分の至らなさを反省する……と言えばもっともらしいのですが、実際のところは、エッチを続けていけるように金玉直撃を避けてくださったのだと、神様に感謝しているのですから、我ながら呆れてしまいます。

助平根性で九死に一生

いつも元気にエッチのことを考えて、ぴんぴんしている能天気な私ですが、命を落とすようなピンチを何回か経験しています。交通事故や強盗事件もそれらのひとつですが、60代になる寸前にも大きなピンチがありました。

小柄ですが健康・性欲に自信があった私は、日課の高級クラブ通いをしておりました。早朝のティッシュ配りをして、金貸しの書類審査や面接を終えると、また夕方のティッシュ配りへ。それが終わると夜毎のクラブ通いですから、体はいくつあっても足りない毎日でした。

食事に気を遣うということもなく、相変わらずうなぎ屋や天ぷら屋に通ったり、同伴出勤のホステスの求めに応じて高級ステーキ屋やフレンチレストランで食事をしてから、クラブで酒を飲んでいたのです。

「社長、野菜も食べないと体に悪いですよ」

馴染みのホステスは言います。

テーブルの上にはキュウリやセロリ、ニンジンを洒落たグラスに入れた野菜スティックがありますが、手を伸ばすこともしません。メロンやイチゴなどのフルーツの盛り合わせも同様です。どうせクラブ側が売り上げを立てるためのアイテムだとバカにしていました。

「オレの栄養の源はビールと綺麗な姉ちゃんだよ」

今でも時々このようにうそぶく方がいますけど、当時の私は本気でそう思い、自分の体は大丈夫なのだと高《たか》をくくっていました。時間もないので健康診断なぞ受けたこともありませんし、それでも何の心配もしていなかったのです。

その晩は以前から狙っていたホステスを口説きましたが、どうしても首を縦に振ってくれません。悔しかったのですが、翌朝のティッシュ配りもあるので諦めて、ほろ酔い加減で歩き始めました。この日の宿泊先である帝国ホテルまでは5分少々の距離です。ホテルに着くと、そのままベッドに倒れ込みました。

どれくらい寝ていたのか記憶が定かではないのですが、ふと目が覚めて体を動かそうとしても力が入りません。頭に霞がかかったようで、脳が締め付けられるような痛みもあります。私はベッド脇の電話でフロントに助けを求めました。それすらも舌がもつれるので大変でした。すると、ホテルに常駐していたお医者様が飛んできてくれ、私の症状を見るなり救急車の手配をしてくれたのです。

「聖路加病院へ……」

意識が薄れる中で私は、交通事故のときに運ばれた病院の名を口にしたらしいのですが、その記憶も定かではありません。

「社長、ここまで来たら私を自由にしていいのよ」

白い薄着のドレスをまとった美女が、小川の向こう側で艶然と微笑み手招きをしています。

据え膳食わぬは男の恥と、助平な頭を巡らして川に入ろうとしました。

「私はどうかしら?」

振り向くと胸がパンと張ったナイスボディにロングヘアーが似合う、背の高い美女が立っております。こちらも薄着で、かつ完璧に私の好みです。川の向こうにいる美女も捨てがたいですが、私は本能の赴くままにナイスボディの女性を選ぶことにしたのです。

私の記憶が蘇ったのは丸一日経ってからでした。

救急車に乗せられた私は、聖路加国際病院がいっぱいだったため西葛西の森山記念病院へ運ばれ、緊急手術を受けたのです。診断は脳梗塞でしたが、ホテルや病院の迅速な対応により軽い言語障害が残っただけで、手足が動かなくなるような重篤な後遺症もありませんでした。

もし、あの晩、狙っていたクラブのホステスをお持ち帰りできていれば、ベッドの上で脳梗塞に襲われていたかもしれません。

「腹上死やったから社長も本望やったやろな」

私の葬儀で参列者たちに滅茶苦茶嗤われている様子が浮かんできます。腹上死というのは皆さんが想像しているよりも、はるかに多いと聞き及んでおります。世間体を憚《はばか》って家族は死因を腹上死とは明らかにせず、心臓疾患などにしているらしいのです。

本音ではそういう最期も悪くないと思いますが、まだまだシャバで数々の美しい女性たちとのエッチを楽しみたいので、もう少し神様にはご猶予くださるようお願いしたいものです。

それにしても、無意識のうちに見た夢で、もし川の向こう側にいた女性を選んでいたら、私は三途の川を渡っていたような気がいたします。そんなときでもナイスボディの娘を選んだ助平根性が、私の命を救ってくれたのかもしれません。

至福の時間

「先生、ここの看護婦さんはお美しいですね」

脳梗塞からのリハビリのため、約1ヵ月入院していた私は、お医者様と一緒に看護婦さんが点滴交換に来るたびに、そんなことを言っておりました。看護婦さんたちの間でも、私のこうした発言は、一種の挨拶みたいなものだと思われていたようです。

「社長、今度は目の検査をしなければなりませんね」

看護婦さんが部屋を出ていくと、お医者様がこう囁いて苦笑しました。

「目のほうは大丈夫ですよ、褒めるのはタダですから。それよりもエッチのほうは大丈夫でしょうか？」

エッチをするために生きているような私ですから、入院中もベッドの上で考えるのは、いつになったらエッチができるか。それればかりです。

「もうそんなことを考えているの？　社長の脳を見たいね。『助平ジジイの脳内』という研究論文でも書こうかな」

呆れたように先生は笑っています。

「そりゃあ、筆下ろしをしてから毎日エッチすることばかり考えて生きてきましたから。生きがいがなくなったら、私の人生は終わりですよ」

病室に笑い声が広がりました。

脳梗塞になって以降、私は聖路加国際病院で毎年人間ドックを受けるようになりました。かなり本格的な人間ドックで、1週間の泊まりがけです。

こうして70歳を過ぎても元気でいられるのは、毎年検査を受けるようになったからかもしれません。そう考えたら、脳梗塞や交通事故にも意味はあったというものです。

聖路加で人間ドックを受けるときは個室に入るのですが、別に体が悪いわけではないので暇を持てあましてしまいます。根が貧乏性なのでしょう。そこで、いつも検査が終わった夕方にはお医者様の許可をいただいて、タクシーで銀座4丁目あたりに出掛けます。

検査期間中ですから、クラブには行きません。ただ、ブラブラと銀座の街を歩くだけです。毎年、同じようなことをしていますので、時代の移り変わりを肌で感じることもあります。ここ1～2年は中国人観光客が増えて驚かされますが、「世界の銀座」と呼ばれるだけの気品と落ち着きは、まだ残っているように感じます。商売のことや、女性を求めて走り回っている私ですが、こうして、じっくりと銀座の街並みを眺めるのが至福の時間となっています。

第8章　老け込んでなんて、いられない

弁護士には頼らない

弁護士は、「社会の木鐸《ぼくたく》」と呼ばれることもある職業です。

中には手弁当で社会的弱者の味方になる立派な先生もいるでしょう。そう言えば、アメリカのリンカーン大統領も弁護士出身でした。

弁護士バッジに描かれた天秤は、公平と平等を表していると聞きます。

ところが、です。社会の木鐸たる弁護士、弱者の味方たる弁護士というのは実に少ないというのが正直な私の感想です。弁護士とお付き合いをした方の多くはそのように思っているのではないでしょうか。

和歌山で貸金業を始めてしばらく経った80年代初めの話です。焦げ付いた客に対して裁判を起こそうと、大阪市内の何軒かの弁護士事務所を訪れました。グッチ先輩から紹介していただいた弁護士さんは抱えている案件が多すぎたため、初めて相談する弁護士ばかりです。

なんとかアポイントを取り、病院の待合室のような場所で順番を待っていました。

壁にはまるで寿司屋のお品書きのように訴訟に関する料金表が貼られています。

1時間近く待たされ、ようやくWという弁護士先生が出てきて相談したのですが、時間にしてわずか30分程度でした。今から思うと、弁護士に相談なんかしなくても本人訴訟でなんとかなる案件でしたが、当時の私は法律の知識が足りないために弁護士先生を頼るしかなかったのです。

300万円ほど貸していた客の返済が滞《とどこお》り、私は連帯保証人に対して返済を求めましたが、連帯保証人になった覚えがないという理屈をこねて返済してくれないという案件でした。

「じゃあ、すぐに裁判のための書類を作りましょう」

あっさりとW先生は仰り、初めての依頼だということで着手金30万円を請求されて支払ったのです。

1週間後に再び事務所に伺ったところ、先生はまだ訴状の準備書面を作っていませんでした。

「忙しかったんでね」

悪びれる様子もなくW先生は言い放ちます。ところが、翌週になっても書類ができてきません。私は頭に血が上りました。

「もう、先生に頼みませんから、着手金を返してください」

そう言うと、先生は奥の事務所から23万円を手にしてきたのです。

「相談料として7万円を引いておいたから」

シレッとしています。これで相談料を取ろうとは、ふざけた話です。

「わかりました。弁護士会に対して懲戒請求をしますからね」

田舎の金貸しだと馬鹿にしていたのかもしれませんが、懲戒請求という言葉で顔色が変わるのがわかりました。

「じゃあいいよ。相談料は負けておくから」

じゃあいいよ、とはどの口から出るのでしょうか。恥を知れと言いたくなります。結局お金の面で実害はなかったのですが、相談に行った手間暇を考えれば私は損させられたことになるわけです。このようなボンクラ先生というのは信じられないほどたくさんいるものです。

また、訴訟相手の弁護士と裏で通じて依頼者を丸め込もうとする弁護士も少なくありません。たとえば1000万円の損害賠償請求裁判の場合、500万を落としどころにして裏金を向こうから勝手に取って和解してしまうことがあるのです。

本来なら顧客である依頼者の意向に沿って、最後まで争うのか、それとも和解に持ち込むのか決めるのが弁護士の仕事です。にもかかわらず、なんだかんだと理屈をこねて自分のやりたい方向に引っ張っていく弁護士のいかに多いことか。

裁判については素人で、初めて弁護士に依頼しようという方がいれば、ぜひとも周囲の評判を聞いてみることをお勧めいたします。また、無料法律相談会というのが市町村で催されることも多くなっています。そういうところでも、自分が納得できない方針を示されたら、席を立って帰る勇気も必要です。

弁護士という職業は決して聖職ではなく、彼らはソロバンを片手にした商売人だと思ったほうがいいのです。だいたい、優秀と言われる弁護士は複数の大手企業の顧問弁護士として報酬を得ており、よほどのことがない限り庶民の訴訟なんぞに関わることはないのです。

頭が下がるほど懇切丁寧な弁護士さんがいることは認めますが、それは本当に少数であると私は断言できます。

大手貸金業者に比べればごくごく小さな金貸し業をしていた私でも、裁判所へ通う回数は少なくありません。いくら公務員や一流企業の社員相手にお金を貸していても、全員が快く返済してくれるというわけではないからです。

「明日、絶対に振り込みますから」

職場に電話をして談判しても、口だけでのらりくらりと逃げようとする者もいます。給与の差し押さえをしてなんとか返済してもらいますが、最初から確信犯でお金を借りた途端に退職する輩もいるのは先述のとおりです。そういう確信犯に対して、私は絶対に許すことができない性分であります。

借り手が首都圏在住であれば、社員を派遣して直接返済を求めることもあります。ただ、返済が止まっている方でも事情があれば返済を猶予することもあるのです。

奈良県内の方に貸していた200万円の返済が滞っていた案件のことです。連帯保証人は職場の上司だったようです。私は連帯保証人に対し、当然の如く返済を求めました。

「社長、面会ですけれど」

田辺の会社を訪ねてきたのは連帯保証人の娘さんで、30代の方でした。

「借り主のDさんが姿を消してしまったので、保証人となった父が返済をしておりましたが、病気で入院してしまい返済が滞っています。父は義理堅い性格ですので返済のことを気に病んでいるのです。もう元金は返済し終わっておりますのでなんとかなりませんか」

涙ながらの訴えを聞いて私は即断しました。

「ええ、それで結構です。お父さんを気に病ませてしまって申し訳ない」

意気に感じると言いましょうか、鬼と呼ばれ蔑まれている貸金業者にもこんな間抜けな男もいることを知って欲しいのです。

長いこと貸金業をしていれば弁護士をつけなくとも民事訴訟を起こすテクニックも身に付きます。本人訴訟というやつです。裁判所に通うのも相当な回数に上っています。首都圏では霞が関の東京地方裁判所はもちろんのこと、立川の簡易裁判所や埼玉、千葉、神奈川の裁判所も馴染みであります。

裁判というのは正義が勝つと思っていらっしゃる方が多いのでしょうが、正確にはそれは間違っています。裁判というのはいかに裁判長に対してアピールできるか、心証を良くするか、にかかっています。

訴えた相手が反訴できないほどの裁判であれば、最初から結果が出ているようなものですが、「ハンコを誰がついたのかわからず、契約そのものが不成立だ」と相手が主張してきた場合など、どっちに転んでもおかしくない裁判は、まさに劇場の舞台と化します。

立て板に水の如く説明する必要はありません。ベテラン弁護士が威張って主張しても勝つとは限らないのです。つっかえてもつっかえても真摯に主張を述べる方のほうが裁判長の心証を良くする場合もあります。

無駄金かどうかは価値観次第

「野崎社長は気っ風がいいですねぇ。女の子にあんなに金を使って……」

仕事で付き合いがある方によく冷やかされます。特にワイドショーで顔が出てからはそのように言われることが多くなりました。でも、女性のためにお金を使うのは私にとって当たり前のことですから、自分が特別に気前がいい人間だとは思いません。

私にはお金持ちの知人が多くいますが、そもそもお金を湯水のように使うお金持ちというのは本当に稀です。

骨董品に凝っている大金持ちは、そこにお金を使うことには糸目をつけませんが、他では舌を出すのももったいないというほどのケチが多いものです。他人と飯を食いに行くこともしませんし、やむなく行った場合には、最後に誰が伝票を持ってレジに行くかだけを考えている方もいるようです。無駄なお金は使わない。これが金持ちになるためには必然のことなのでしょう。

そのようなことをして楽しいのかって？　そう思うのはお金持ちの正体を知らないからで、本人はそれで満足しているのです。

私も女性とのエッチには惜しみなくお金を使いますけれど、他のことに無駄なお金は使いません。無駄と思うか思わないかは主観の相違ですが、世間の常識とは乖離《かいり》していることが多いので、大金持ちには変人が多いという結論になるのでしょう。その人の価値観によってお金を惜しみなく出す場面と、首を捻りたくなるほどケチる場面があるわけです。

そんな例を挙げてみましょう。これは私の不動産関係の仕事で古くからつきあいのあるケンちゃんから聞いた話です。

ケンちゃんは中堅デベロッパーの御曹司で、富裕層のボンボンです。彼は関西では顔が広く、短めの髪に大きな目が特徴の男で、Ｖシネマ『ミナミの帝王』に出てくる竹内力に似ていると言われています。

胸元から金色のネックレスを覗かせ、一見その筋の人間ではないかと誤解されそうなファッションセンスの持ち主でもあります。もちろん巻き舌の大阪弁はネイティブですし、語尾が「……やんけ」で終わることから、関西弁の中でもかなりのインパクトがある河内弁も、ＴＰＯに応じて使い分けます。

このようにケンちゃんは一見強面《こわもて》ですが、実際は神経が細やかな男です。自分だけ儲かればいいと考える者が多い不動産業界の中では、珍しく他人のことも考えるタイプで、ケンちゃんのことを悪く言う業界の人間はまずいません。

「社長、山本さん知っているやろ」

大阪のシティホテルの喫茶店で、ケンちゃんが山本さんの近況を話しだしました。

山本恵三さんというのは、私も長年の付き合いがある60代半ばの不動産会社の社長さんで、かなり腹が出て豆タンクのような体をしています。頭がハゲ上がり、顔もパンパンに張っているので、まるでアンパンマンのようです。マンションや賃貸ビルを何棟も所有し、その上がりで悠々自適の生活を送っています。

「うん、ケチ山さんやろ。また何かやったんか？」

彼は皆とファミレスに行っても、決して伝票に手をかけないタイプの男です。親の資産を引き継いだ2代目ですから、普段はおっとりしていて悪い人間ではないのですが、こと支払いになると防衛本能が働くのか、財布を取り出そうというそぶりすら見せません。ケチ山さんが支払うなんて事態になったら、晴天の空がにわかに曇って雷が鳴るような状態になると仲間内で囁かれるほど、筋金入りのケチとして有名でした。

ケチ山さんはお金持ち特有の変わった性格で、些細なことにも注文をつけないではいられません。従業員の使い方も荒く、そのために会社を辞めていく者も多いのです。

「昇給させずに済むから、辞めてもらって助かった」

しれっとした顔をしてケチ山さんが言います。これでは会社が大きくなるはずはありません。まあ、彼には会社を大きくするという気持ちもないようなので、他人がとやかく言うことでもありませんが、超ワンマンのために奥さんも愛想をつかして10年ほど前に子供を連れて家を飛び出してしまいました。

「あんな女に払う金なんかない」

慰謝料もスズメの涙ほどしか払わなかったのを自慢するような男で、所有しているマンションの一室で独身生活を送っていました。

「ケチ山さん」の事故

「ケチ山さんな、事故起こしたんや」

近所に住んでいるケンちゃんが不動産投資の相談があってケチ山さんの住むマンションを訪れたときのことです。

ケチ山さんの趣味はアダルトビデオ鑑賞で、その晩も自宅でビールや酎ハイを飲みながら、レンタルビデオ店で借りた大好きなアダルトビデオを流しっぱなしにして、ケンちゃんと仕事の相談をしていました。

「あっ、ケンちゃん今何時や？」

急にケチ山さんが大きな声を出して立ち上がりました。

「11時50分過ぎですがな」

高級腕時計に目をやったケンちゃんが答えると、

「やばい、やばい」

そう言いながらケチ山さんは、テーブルの上に置いていたＤＶＤ３枚をスーパーのレジ袋に突っ込みました。

「今日が返却日なんや。今日返さんと延滞料金がついてしまう」

「延滞金っていくらですの？」

「一日１００円やから、明日になると３００円取られてしまう」

「そんなん、ええやないですか」

ケンちゃんが笑いながら言っても、ケチ山さんは耳を貸しません。３００円の延滞金を支払うことはケチ山さんにとって、許されない大浪費になるという思考回路なのです。彼は金融業もしていたので、利子とか延滞金というのを支払うのは愚の骨頂だと身に染みていたのでしょう。

同じマンションにはケチ山さんの身の回りの世話をする、「坊や」と呼ばれていた独身の男性秘書も住んでいます。ただ、こんな深夜に彼に返却を頼んだら、いくらかお駄賃を渡さなければなりません。それももったいないと考えたケチ山さんは、DVDを持って部屋を飛び出していきました。

「ほんじゃあ、ボクもビデオ借りに行きますわ。後で店で会いましょう」

ケンちゃんの言葉も耳に入らない様子で、ケチ山さんは自転車に飛び乗るやいなや、暗い夜道を走り去っていきました。

ビデオ店までは自転車で5分ほどかかります。もう時間は11時52〜53分。計算上はギリギリセーフのタイミングです。ケチ山さんは酒を飲んでいるので自分ではまっすぐ走っているつもりでも、自転車はふらふらと右に左に揺れています。それでも頭の中は300円の延滞金など絶対に払わないという強い意思でいっぱいです。

やっと道の向こうにビデオ店の明るい看板が見えてきました。時計は11時57分を指しています。「これで延滞金を払わなくて済んだ」と思った瞬間、ケチ山さんは乗っていた自転車ごとビデオ店脇の側溝に突っ込んでしまいました。

大きな音に驚いたビデオ店の店員や客が顔を出します。

「これ、今日返したからな」

皆の心配をよそに、ＤＶＤが入ったレジ袋を店員に手渡したケチ山さん。その顔からは鼻血が垂れて顔中血だらけ。左足の骨にはヒビが入り、頭部も打撲して全治２ヵ月のケガを負ったといいます。

「ケチ山さんね、ボクが見舞いに行ったら、『３００円は節約できた』って笑いながらまだ言うてるんですよ。どんな神経しているんやろ。思いっきりズレてるでしょう」

ケンちゃんと私はホテルの喫茶店で、他のお客さんたちが振り返るほど大きな声で笑ったものでした。

しかも、これには後日談がありました。ケチ山さん、ビデオの延滞金を巡って、再び失敗をやらかしてしまったのです。

足にギプスをはめていたケチ山さんは、また深夜になって返却していないＤＶＤがあることに気が付きました。借りたらもっと早めに返却すればいいと思いますが、ケチ山さんは期限ぎりぎりまで借りなければ元が取れないと考えるタイプです。返却する時間まであと5分ぐらいしかありません。酒のグラスを置いて、なんとかエレベーターで下に降りたものの、足を骨折しているので自転車を漕ぐこともできません。そこでケチ山さんは愛用の50ccのバイクにまたがってビデオ店に向かいました。今度はときです。

無事に返却することができ、胸をなでおろした山本さんが自宅に戻る道を走っていた

「ちょっと脇によって止まってください」

後ろからマイクで男性の声が流れてきました。ぎょっとして振り返ると赤色灯を回したパトカーがぴったりと付いてきています。ヘルメットを被っていなかったため、マークされたのです。

わずかな延滞金をケチったために、今度は酒気帯び運転で捕まってしまったケチ山さん。しかも無免許でした。実は以前にも酒気帯び運転で捕まっており、免許停止期間中だったというわけです。

タダより嬉しいものはない？

遵法精神の欠片もない唯我独尊のケチ山さんですので、情状酌量があるわけもなく、刑務所に収監されてしまいました。これほど高くついた「延滞金」というのはそうないことでしょう。

「ケチ山さんが面会に来てくれってうるさいんですわ。一緒に行きませんか？」

後日、ケンちゃんの誘いでケチ山さんの面会に行くことになりました。西日本の某

刑務所であります。交通刑務所の数は知れているので固有名詞はご勘弁願います。

面会所の待合室でケンちゃんと順番が来るのを待っていました。面会所というのはドラマが生まれる場所でして、ヤクザの情婦らしい眉を細く揃えた別嬪さんが物憂げな表情で腰かけていたり、あなたのほうが面会を受ける側じゃないのかと言いたくなるような強面のお兄さんが沈鬱な顔で座っていたりします。

「もうあなたとは付き合いきれないわ。別れましょう」

情婦は面会で涙ながらに言うために来ているのかもしれません。

「兄貴、頑張ってください」

強面のお兄さんは励ましに来ているのかもしれません。それだけの想像を膨らませることができる空間なのです。向かい側には皺だらけの老女とその娘らしい2人連れも座っています。息子がお務めしているのでしょうか。この2人も深刻な表情を浮かべて押し黙っています。

面会所の待合室の脇には缶詰や週刊誌などが置いてある差し入れ用の売店があります。コンビニのように品揃えが豊富なわけでもないショボイ店ですが、この店で買わなければ差し入れができないという仕組みになっています。ですから店員は「売ってやる」と言わんばかりの商売人にはあるまじき超上から目線の対応です。スーパーなら100円ちょっとで買えるカップラーメンも、値引きなどありません。陳列してある商品のほとんどの値段は、信じられないほど高い設定になっています。独占販売なので強気なのでしょう。

私たちは店を冷やかしただけで、ケチ山さんへの差し入れ品を購入することはありませんでした。ケチ山さんが差し入れごときで感謝しそうもないことぐらい計算済みです。

「受付番号5番の方、面会所3番にお入りください」

1時間ほど待たされてやっと順番が来ました。面会所は四畳半ほどの空間がアクリル板によって半分に仕切られており、年配の警備員がつまらなそうな顔をして座っています。しばらくすると灰色のスウェット上下を着たケチ山さんが、にこにこと笑いながら顔を出しました。

「どうしたんですか。別人28号じゃないですか」

ケンちゃんが驚くのも無理はありません。私も驚いたのですが、ケチ山さんの体は風船が萎《しぼ》んだようにスリムになっていたのです。急に痩せすぎたのか、皺が寄って酸っぱい梅干しのような顔になっています。

「お蔭様で20キロ痩せることができました。シャバにいたら甘いものや酒の誘惑が多いからこんなに痩せることはできなかったでしょう。早寝早起きの規則正しい生活を送れるし、いやあ〜、ここに来られて助かりました。糖尿病患者用の食事は出るし、3食ついて寝られて、それでタダなんですから申し訳ないような気分です」

思ってもいないくせに申し訳ないという殊勝な言葉を吐いたケチ山さんは、心底嬉しそうに皺が多くなった目尻を下げています。刑務所に入っているのに、こんなに楽しそうな受刑者というのを私は見たことがありません。

「糖尿病の診察もしてもらって、薬ももらっているんですが全部タダですよ」

タダより嬉しいものがないのがケチ山さんです。

「へえ、願ったり叶ったりじゃないですか」

ケンちゃんが皮肉を込めて笑いました。そんな皮肉もケチ山さんにとってはどこ吹く風です。自慢話は続きます。

「あのね、歯医者もタダなんです。ここにいる間に具合の悪いところは全部治そうと思っています。社長も具合が悪くなったらお勧めですよ」

ケチ山さんは自分の金を使わず、税金で全部治して健康体となって出所してきました。転んでもタダでは起きないと言いますが、ここまで徹底すればお金が貯まるのも当然のことであります。

若さは気持ちの問題だ

最後に、もう歳だからエッチなんかできないと諦めている方に、僭越《せんえつ》ながら私からのアドバイスを送らせていただきます。

私のように毎日エッチしましょうというのではありません。心がけ次第で、いくつになっても若くいられることを知っていただければ幸いです。

「何かクスリを使っているのですか？」

75歳でも、エッチをするときは一日に3回と自称していると、こう聞かれることがしばしばあります。きっとバイアグラのようなものを使っているのだと思われるのでしょう。

しかし、私は一度もバイアグラというものを飲んだことがありません。飲まなくてもOKだから飲む必要がないのです。「勃起できない」という悩みが中高年に多いことは承知しています。

「古女房とできるかよ。打ち止めだ」

口を尖らしている方の気持ちもよく理解できます。やはり毎晩豪華な食事をしても飽きるのと同じことで、いくら絶世の美女を奥様にもらったとしても何十年も一緒に暮らせば、そういう気持ちは失せてくることでしょう。私もそのような環境にいたら、萎えてしまったかもしれません。

「一穴主義」を貫かれている方には頭が下がりますが、私の場合は「百穴」どころか「四千穴」ですから比べようもありません。現在はバツ2で独身、子供なしの私ですが、そもそも結婚中から浮気を繰り返し、それに呆れ果てた前妻と前々妻に逃げられてしまったのです。

言い訳をさせていただけるなら、エッチのときには相手に惚れているので、浮気ではなく本気なのです。けれど、そんなことが世間で通らないことぐらい承知しております。すべて私が悪いのですから、子供もいなかったので5000万円ほど慰謝料を支払って離婚いたしました。自業自得ですけれど、お蔭さまで毎晩アラカルトのつまみ食いができる人生を送らせていただいています。

「そんな歳になって一人で寂しくないですか?」

同情してくれる方もいます。

「そんな歳になって」と指摘されるほど自分では歳を取っているとは思っていません。これは気持ちの問題がかなり大きなウエートを占めていると、私は考えております。

一人住まいで嬉しいことは、世のご主人たちのように奥さんに小言を言われないことです。

「男は閾《しきい》を跨《また》げば七人の敵あり」ということわざがあります。

家庭内は安全だが、社会に出ると多くの敵や競争相手がいるといった意味です。男が外で稼いでくることが前提になっていますので、今のように女性も社会に出て働くのが当たり前の世の中では通用しないことわざですけれど、ともあれ外に出れば敵がいると言っても、現代ではピンと来ないでしょう。

と言いますのも、情けないことに外だけでなく家に帰っても奥さんと闘わねばならないのですから。

「家でごろごろしてばっかりいないで外に行ってよ」

定年を迎えたご主人が、奥さんから冷たく言い放たれたというのはよく聞く話です。結婚して一所懸命働いてきたご主人に対して何たる言いぐさでありましょうか。顔を合わせればケンカになるので、なるべく顔を合わせないようにしている熟年夫婦は珍しくありません。

子供を味方につけて熟年離婚するご夫婦も当たり前になっています。残念ながら子供は圧倒的に母親の味方です。父親が外で仕事をしている間に母親は、「お父さんのようになったらダメよ」と子供を洗脳する時間がたっぷりあるわけですから母親に敵《かな》うワケはなく、勝負はすでについているのです。

もちろん、いつまでも仲の良いご夫婦もいますから一概には言えませんが、悔しい思いをしている世のご主人たちは少なくないはずです。

どうせ古女房とは今後亡くなるまでエッチすることはありえない、勃たないし、そもそも食指が動かないという方にご提案をしましょう。

せっかく奥さんが「家にいないで外に行って」と言ってくれるのですから、風俗にでも行って羽を伸ばせばいいのです。

その前に私流のトレーニングをご紹介しておきます。やはり成功するには、いや性交するには準備が必要です。

長い間、排泄器官としてしか使ってこなかった「息子」は、すぐには言うことを聞いてくれません。人間だって反抗期があるのですから、同じようなものです。楽な気持ちで、「息子」が自立するのを待ちましょう。AVをこっそり鑑賞するのもいいトレーニングになります。

時代は変わった

我々の青春時代、アメリカの「プレイボーイ」誌には無修正のヌード写真が掲載されていました。同世代の方には懐かしい思い出でしょう。でも、日本で手に入るものはすでに黒塗りの修正がなされています。その部分をなんとかしようとベンジンやマーガリンなどの油を使って擦《こす》ったりしたものですが、努力も空しく白く剝げてしまうだけでした。

私などは「将来は税関職員になって、黒塗りをする係員になりたい」と思ったものです。50年も昔の話です。

「お兄さん、裸で絡み合っている写真だよ。まけておくから5枚で1000円でいいや」

繁華街の路地などで目つきの鋭いオジサンから、こんな声を掛けられた方もいるのではないでしょうか。私もその一人でした。頭の中はエッチのことで満杯になっている年頃ですから、思わず1000円札を差し出します。妄想は果てしなく広がり、封筒に入っている写真をすばやくバッグに入れて小走りに立ち去りました。

どきどきしながら封を切って写真を取り出してみると、相撲の取組写真。確かに裸の2人が絡み合っているけれど……。当時としては大枚の1000円が無駄になり、ショックを受けたのは苦い思い出です。

しかし、時代は変わったのです。今ではインターネットで簡単に、しかも無料で無修正動画が見られるようになりました。こういう動画を見るのもいいでしょう。

それから、ことあるごとに助平な妄想を膨らませ、なるべく人込みの中に足を運んでください。ツンと澄ましたタカビーそうな若い女性、「エッチなんか不潔よ」と言わんばかりの堅そうな女性も歩いています。そんな中から自分好みの女性を見つけて、その女性とエッチしているところを想像するのです。このイメージトレーニングは非常に大事です。1ヵ月もすれば「息子」は更生して、久しぶりに元気な姿を見せることでしょう。

「歳相応」にはなるな

「お顔に皺がありませんね」

どこも褒めるところがないからか、他人さまからはそう言われます。

「皺のないのは脳みそと一緒ですわ」と応じるのですが、自分が75歳だと思わないようにしているのが大きいのでしょう。私の場合、実年齢から2割引いて、自分は60歳だという気持ちで毎日を過ごしています。「歳相応」という言葉は完全に無視するべきです。実際に私の顔はつやつやとしていて皺やシミはありません。

浴室では、湯船から出ると冷たい水で体に刺激を与えます。昔からの日課です。サウナの後の水浴びみたいなものです。肌が引き締まるような気がして、体がシャンとします。

バイアグラは飲みませんが、栄養補助食品のサプリメントは数種類愛飲しています。今のお気に入りは「カイコ冬虫夏草」というサプリです。冬虫夏草というのは、かつて中国の高貴な方々が愛飲していた不老長寿の薬として有名なものです。

近年テレビでも認知症にも効果があるのではないかと取り上げられましたので、ご記憶の方もおられることでしょう。これを飲み出してから、体がポカポカして血の巡りが良くなったような気がします。中国では古くから精力剤や滋養強壮剤としても珍重されていましたから効果があるのかもしれません。幸いなことに私は認知症と縁がなく、過去の女性遍歴もしっかり覚えていますが、それもこのサプリのお蔭だと思うようにしております。

それとゴマの健康成分である「セサミン」も飲んでいます。これを飲むと肌がツルツルするような気がするのです。まあ、どんな薬でもそうですけど、合う合わないはあります。要するに「これがあるから若くいられる」と信じて、それを続けることが重要なのでしょう。

目標に向かって本気を出す

もっとも若さを保つ秘訣とは何か。

私の場合、やっぱり若い女性とのエッチに勝るものはありません。若い女性との会話は感覚を若くさせますし、食事も進みます。そして肌のふれあいが大事です。

私は「うすきぼう」と呼んでいますが、他の方には通じないので地元和歌山あたりの方言なのかもしれません。これは愛液のことを指す言葉です。ネコがミルクを舐めるように、コンコンと湧き出る「うすきぼう」を舐めるのが、もっとも健康にいいと信じています。医学的根拠はまったくわかりませんけれど、私の長いエッチ経験ではこれが一番ではないでしょうか。どこかのサプリ会社が販売したら爆発的な人気を呼ぶと思うのですが……。

明日はどんな娘とエッチできるのか。そう考えるだけで若さが蘇ってきます。そのために、今でも毎日仕事をしてお金を稼ぐのです。

私の目標を他人は馬鹿にするかもしれません。でも、私はずっと本気でした。

どんな目標でもいい、目標を持って本気でやれば年齢なんて関係ありませんし、いつかその目標は叶うはずです。

好みの女性とエッチしたい──。その一念だけでここまで来た私が言うのですから間違いありません。

取材・構成／吉田 隆

野崎幸助―1941（昭和16）年、和歌山県田辺市生まれ。酒類販売業、不動産業などを営む実業家。地元の中学を卒業後、鉄屑拾い、訪問販売員、金融業など様々な商売を手掛け、裸一貫で億単位の財を成す。2016（平成28）年２月、50歳下の愛人に6000万円相当の金品を盗まれたとしてワイドショーなどで話題に。これまで付き合った女性の数は4000人、そのために注ぎ込んだ金額は30億円はくだらないという。

講談社＋α文庫 紀州《きしゅう》のドン・ファン
――美女4000人に30億円を貢いだ男
野崎幸助《のざきこうすけ》

2016年12月20日第１刷発行
2018年６月13日第20刷発行
発行者――渡瀬昌彦
発行所――株式会社 講談社
東京都文京区音羽2-12-21 〒112-8001
電話 出版(03)5395-3522
販売(03)5395-4415
業務(03)5395-3615
デザイン――鈴木成一デザイン室
カバー印刷――凸版印刷株式会社
印刷――慶昌堂印刷株式会社
製本――株式会社国宝社
落丁本·乱丁本は購入書店名を明記のうえ、小社業務あてにお送りください。
送料は小社負担にてお取り替えします。
なお、この本の内容についてのお問い合わせは
第一事業局企画部「＋α文庫」あてにお願いいたします。
Printed in Japan ISBN978-4-06-281709-7
定価はカバーに表示してあります。

講談社+α文庫 Ⓖビジネス・ノンフィクション

完全秘匿 警察庁長官狙撃事件	竹内　明	初動捜査の失敗、刑事・公安の対立、日本警察史上最悪の失態はかくして起こった！	880円	G 261-2
僕たちのヒーローはみんな在日だった	朴　一	なぜ出自を隠さざるを得ないのか？ コリアンパワーたちの生き様を論客が語り切った！	600円	G 262-1
モチベーション3・0 持続する「やる気！《ドライブ！》」をいかに引き出すか	ダニエル・ピンク 大前研一訳	人生を高める新発想は、自発的な動機づけ！ 組織を、人を動かす新感覚ビジネス理論	820円	G 263-1
人を動かす、新たな3原則 売らないセールスで、誰もが成功する！	ダニエル・ピンク 神田昌典訳	『モチベーション3・0』の著者による、21世紀版「人を動かす」！ 売らない売り込みとは!?	820円	G 263-2
ネットと愛国	安田浩一	現代が生んだレイシスト集団の実態に迫る。反ヘイト運動が隆盛する契機となった名作	900円	G 264-1
モンスター 尼崎連続殺人事件の真実	一橋文哉	自殺した主犯・角田美代子が遺したノートに綴られた衝撃の真実が明かす「事件の全貌」	720円	G 265-1
アメリカは日本経済の復活を知っている	浜田宏一	ノーベル賞に最も近い経済学の巨人が辿り着いた真理！ 20万部のベストセラーが文庫に	720円	G 267-1
警視庁捜査二課	萩生田　勝	権力のあるところ利権あり——。その利権に群がるカネを追った男の「勇気の捜査人生」！	700円	G 268-1
角栄の「遺言」 「田中軍団」最後の秘書 朝賀昭	中澤雄大	「お庭番の仕事は墓場まで持っていくべし」と信じてきた男が初めて、その禁を破る	880円	G 269-1
やくざと芸能界	なべ　おさみ	「こりゃあすごい本だ！」——ビートたけし驚嘆！ 戦後日本「表裏の主役たち」の真説！	680円	G 270-1

＊印は書き下ろし・オリジナル作品

表示価格はすべて本体価格（税別）です。本体価格は変更することがあります

講談社+α文庫 Ⓖビジネス・ノンフィクション

*世界一わかりやすい「インバスケット思考」 鳥原隆志
累計50万部突破の人気シリーズ初の文庫オリジナル。あなたの究極の判断力が試される！ 630円 G 271-1

誘蛾灯 二つの連続不審死事件 青木理
上田美由紀、35歳。彼女の周りで6人の男が死んだ。木嶋佳苗事件に並ぶ怪事件の真相！ 880円 G 272-1

宿澤広朗 運を支配した男 加藤仁
天才ラガーマン兼三井住友銀行専務取締役。日本代表の復活は彼の情熱と戦略が成し遂げた！ 720円 G 273-1

巨悪を許すな！ 国税記者の事件簿 田中周紀
東京地検特捜部・新人検事の参考書！ 伝説の国税担当記者が描く実録マルサの世界！ 880円 G 274-1

南シナ海が〝中国海〟になる日 中国海洋覇権の野望 ロバート・D・カプラン 奥山真司 訳
米中衝突は不可避となった！ 中国による新帝国主義の危険な覇権ゲームが始まる 920円 G 275-1

打撃の神髄 榎本喜八伝 松井浩
イチローよりも早く1000本安打を達成した、神の域を見た伝説の強打者、その魂の記録。 820円 G 276-1

電通マン36人に教わった36通りの「鬼」気くばり ホイチョイ・プロダクションズ
博報堂はなぜ電通を超えられないのか。努力しないで気くばりだけで成功する方法 460円 G 277-1

映画の奈落 完結編 北陸代理戦争事件 伊藤彰彦
公開直後、主人公のモデルとなった組長が殺害された映画をめぐる迫真のドキュメント！ 900円 G 278-1

誘拐監禁 奪われた18年間 ジェイシー・デュガード 古屋美登里 訳
11歳で誘拐され、18年にわたる監禁生活から救出された女性の全米を涙に包んだ感動の手記！ 900円 G 279-1

真説 毛沢東 上 誰も知らなかった実像 ユン・チアン ジョン・ハリデイ 土屋京子 訳
建国の英雄か、恐怖の独裁者か。『ワイルド・スワン』著者が暴く20世紀中国の真実！ 1000円 G 280-1

*印は書き下ろし・オリジナル作品

表示価格はすべて本体価格（税別）です。本体価格は変更することがあります